陆小曼传

坚守浪漫，不惧人间

朱云乔 著

天地出版社 | TIANDI PRESS

坚守浪漫，不惧人间

序
PREFACE

这一生,究竟怎样活过才算值得?这是许多前尘往事留给我们的思索。

快节奏的时代,人们更爱怀念从前慢的生活。曾经,有一段旖旎鲜活的故事,化作如雨的墨色,落在书页上,随着20世纪的华彩,被默默地收纳在历史的卷册中。

当故事再次被开启,人的口舌,缠绕成厚厚的枷锁,锁住了真实,为她涂上了复杂的颜色。有人说她特立独行,有人说她是可恨的荡妇,有人说她是风华绝代的才女……但于她而言,她只是陆小曼,拒绝被定义,始终忠于自我。

挖掘真实,才能看见价值。真实的陆小曼感性、灵动,敢爱敢恨,血肉丰满。她不完美,却魅力无限。

命运铺陈了华丽的底色,一开篇,就是传奇。她出身名门,生于璀璨的上海滩,长于古朴的北京城。两座城市的韵致碰撞在一起,塑造了她的独特个性与过人才华。她多才多艺,精通两门外语,写得一手漂亮的毛笔字,擅长京剧、昆曲,在文学、绘画等方面颇有造诣,还是交际场上备受瞩目的名媛、优秀的外交翻译官。她的爱情成了轰动一时的佳话,郎情妾意,才貌无双……

然而,命运的卷轴缓缓向前,她却亲手改写了剧本,没有活成别人期待的样子。1924年,她遇见了徐志摩,舞池里的电光石火,燃烧着她循规蹈矩的人生,点燃了她内心的自由之火。一段热恋,举世讨伐。两个人割断前缘,只为成全这份不被祝福的爱情。

她是一个为爱痴狂的女子,却始终不是一个贤良讨喜的妻子。不成熟的爱情,是浪漫的;但不成熟的婚姻,是可悲的。热恋过后,婚姻已是一地鸡毛。徐志摩为赚钱四处奔波,徐家父母气得不愿再与他们来往。她却自顾自地跳舞、看戏,纵情享乐,忘了许多重要的事,忽略了真正重要的人。爱情里,她爱得热烈,爱得透彻;婚姻里,她放纵自我,也终究犯了错。

时光匆匆催人老,不如怜取眼前人。可惜,这么简单的道理,她到失去时才懂得。徐志摩因乘坐的飞机坠毁而离世。一个沉痛的悲剧,击溃了她任性的青春。

徐志摩的遗体从济南运回上海后,陆小曼见到的现场唯一的遗物,是她早期绘的一幅山水画长卷。徐志摩把这幅画卷随身携带,是准备到北京再请人加题,因为画卷放在铁箧中,才幸运地保存下来。陆小曼看着这幅画卷,徐志摩的种种温暖顿时涌上心头,鲜活起来。自此,她一直珍藏着这幅画,也珍藏起这段炽烈又充满遗憾的感情。

她离开了交际场,脱下了华丽的袍子,半生素衣,任他人唇枪舌剑,始终缄默,不做半分辩驳。她成熟了,只是这代价太沉重,但她仍旧是自信的。她将这份自信挥洒在书画创作中,在岁月的沉淀中越发纯粹、平和。

这一生,究竟怎样活过才算值得?她说:爱得透彻,活出自我。

目录
CONTENTS

| 第一章 |

底蕴·用教养点亮灿烂光环

1. 在命运的枝头绽放 / 002
2. 迎接新世界的精彩 / 009
3. 在欢歌岁月里点亮憧憬 / 017
4. 青春该有的光芒 / 022

| 第二章 |

绽放·踮起脚与世界共舞

1. 轻轻落笔写一段灿烂时光 / 030
2. 行进在幸福的轨道上 / 037
3. 盛世佳偶,举世瞩目 / 039
4. 当爱情褪去华彩 / 043

| 第三章 |

迷惑 · 爱在错误的时间点燃

1. 是共舞还是离去 / 054
2. 一个模糊的界限 / 062
3. 无处安放的爱情 / 071
4. 人生中的裂缝和遗憾 / 086

| 第四章 |

逆行 · 勾勒全新的故事

1. 不愿辜负大好年华 / 100
2. 怎样的爱才算值得 / 110
3. 遥望你的方向 / 117
4. 飞跃沧海,为爱痴狂 / 125

| 第五章 |

冲突 · **当渴望走进现实**

　　1. 婚姻不易,且行且努力 / *134*

　　2. 甜蜜与冲突 / *139*

　　3. 习惯的爱,失去了甜 / *145*

　　4. 不对等的期待 / *150*

| 第六章 |

遗憾 · **婚姻里的不成熟少女**

　　1. 婚姻里的任性少女 / *158*

　　2. 亲手酿制的苦果 / *164*

　　3. 万千别恨无人言 / *174*

| 第七章 |

告别·有些成长注定带着遗憾

1. 活成你喜欢的样子 / 182
2. 飞向自己的天空 / 193
3. 当生活露出残酷的面庞 / 200
4. 永别是成熟的代价 / 203

| 第八章 |

缄默·半生素衣守流年

1. 等一个不归人 / 208
2. 在山水墨色中寻找自己 / 216
3. 愿灵魂仍有所依 / 222
4. 时间之外无遗憾 / 226

后记 / 231

第一章

底蕴·用教养点亮灿烂光环

① 在命运的枝头绽放

伴随一首安眠曲，回到那慢悠悠的前尘时光，看那爱恨编织的梦，看那春夏秋冬，为何而停留。

上海的深秋，道路两旁都是高大的法国梧桐树，在秋日的阳光下，泛黄着凋零。微风吹过，一片片树叶落在地上，向大地倾诉着它们的伤感故事。

一天天过去，落叶铺满了大道，它们像技艺精湛的画师，妄图用自己的方式，记下生命中唯一的秋天。

别致的欧式楼房，伴着古典的中式建筑，书写着这个城市的独特存在。

一个个老故事，也和渔船一起静静地划过黄浦江，码头上的人力车夫们尽情挥汗如雨，阁楼上传来家庭主妇搓麻将的声音，孩童嬉戏在大街小巷。

这是公历1903年，也是清朝光绪二十九年。

此时的大清帝国,迎来的是它即将终结的命运,如同一棵摇摇欲坠的大树,享受着它最后的阳光。

这个衰弱的帝国,再也经不起任何波折了,哪怕一点点风吹草动,就会让它瞬间土崩瓦解。如同一个年迈衰弱的老人,一场小病,就会要了他的命。

农历九月十九日,孔家弄堂2号,陆小曼出生了。一个红叶遍地的季节,她出生在上海,人如其名,生得精致小巧。

在南方,农历九月十九日,可是一个好日子,因为这一天是观世音菩萨的出家之日。

观音菩萨普度天下众生,救苦救难,那这个叫陆小曼的女孩呢,她的将来会是什么模样?在这一天出生,是否对她的命运有什么预示?

谁能想得到,这个女孩,未来成了画家、作家、名媛。她没有普度众生,也没有救苦救难,只是用自在的方式度过了一生。她失去了很多,也得到了很多。她得到过很多爱,也失去了一些爱,悲欢在她的命运里交替进行。

人生是一次永不复归的旅行,每个人的目的地不同;人生是一首参不透的诗,每个人都有自己的理解;人生是灵魂与肉体的交融,命运永不单一。

当陆小曼的父亲和母亲看着摇篮里的她时,内心充满无尽的喜悦。这是他们生命的延续,是充满无限可能的未来。

也许是因为那时候医疗条件有限，也许是命运使然，不知为什么，这对夫妇的孩子都在幼年或青年时期夭折了。而陆小曼，是她母亲生下的九个孩子里唯一存活下来的。

陆小曼的降临，对整个陆氏家族来说，是何其欢喜。

陆小曼的祖父，叫陆荣昌，晚清时候，任朝议大夫。太平天国运动发生后，他才举家搬迁，最后留在了上海。他为人慷慨，曾救民众于水火之中，却不求回报，哪怕在他去世十多年后，仍然被很多人提起和夸赞，黎元洪还曾赐他题字匾额。

由此可见，这个家族曾经多么辉煌。

虽然那个时代的人普遍重男轻女，但陆小曼在陆家却备受宠爱。

因为兄弟姐妹的早夭，父母把所有的爱都给了陆小曼，也许由于失去了太多，所以更懂得珍惜。

作为父母掌上明珠的陆小曼，在爱的滋养下慢慢地幸福地成长着。

陆小曼的母亲，叫吴曼华。

吴曼华是才貌俱佳的江南女子，作为名门闺秀，从小就饱读诗书，琴棋书画皆擅长。她的身上，总带着一种令人羡慕的高贵气质。在还没有嫁人的时候，吴曼华就已经是无人不知的才女了。

富贵显赫的家世，让吴曼华一生都活得小心翼翼。她说这是一个女子的本分,任何时候,都不能给家族抹黑。

在《曼华女士小史》中有关于吴曼华的记录,作者是这样形容她的:"生而韶秀曼丽,且聪慧绝伦,妙解音律,笙笛皆其所长,兼工棋,诗词清丽可诵。"

陆小曼的长相、气质和她的母亲十分相似,俨然一个"小吴曼华"。于是,便有了"陆小曼"这个名字。

陆小曼的父亲,叫陆定。

陆定从小就聪明,学习能力很强,功课很好,考试成绩总是名列前茅。学校的老师很喜欢他,陆家族人更是看好他,想他将来肯定能成大器。

后来,陆定去往日本学习,就读于日本著名的大学——早稻田大学。

在日本留学期间,陆定跟着日本名相伊藤博文学习。伊藤博文对他十分赞赏。在留学期间,陆定加入了孙中山先生创办的中国同盟会。

回国以后,陆定任职国民党高官,后来又任财政部司长和赋税司长多年。陆定也是中华储蓄银行的主要创办人之一,在中国银行史上,开创了"零存整取"的新模式。

同时,陆定和曹汝霖、费保廉等人是很好的朋友。袁世凯在任大总统的时候,曾下令逮捕同盟会会员,这其中就包括陆定。当时,一共有十三名会员被杀害,而陆定在好友曹汝霖的营救下幸免于难。

父母都是传奇人物，对于陆小曼来说，这是命运的馈赠。两个优秀人物的结合，让陆小曼的先天条件无可挑剔。

作为知识分子，陆定夫妇很清楚，一个人的家世再好，若不好生管教，也不会有多大出息，而这世上，名门之后因不思进取而荒废一生的，不计其数，有的家族甚至因此败落。所以他们对待女儿陆小曼，生活上可万般宠爱，但在学习上，丝毫不能松懈。

对于陆定夫妇来说，他们不希望陆小曼变成一个娇生惯养的大小姐，而要成为一个才华横溢、能诗会画的淑女。

为此，陆母会拉着瘦弱的陆小曼去习丹青笔墨、读古文诗书，风雨无阻。

吴曼华，作为陆小曼的第一任老师，她要求十分严格，让陆小曼丝毫不敢松懈。她不仅教陆小曼待人礼仪，还教她琴棋书画、音律歌舞。

可是，陆小曼生性活泼好动，学东西总是沉不下心来。作为母亲，吴曼华深知陆小曼身体瘦弱，难免心疼，有时候也会睁一只眼闭一只眼。

在陆小曼成名之后，有人评价说："她的一举一动，一颦一笑，都别具风韵，说出来的话机智又好听，到现在为止还没有再见到一个女人有如此干练的风情、才调。"

而这，跟她富有远见的父母有很大的关系。

吴曼华是南方人，陆定是北方人，一南一北，柔美与端庄，集于陆小曼一身。一个冰雪聪明、桀骜不驯的女子，就这样来到了世间。

有人说，她是上天的宠儿，是众星捧月的公主。没错，她的童年就是一个童话故事，所有美好的光芒都萦绕在她身边。

都说上天是公平的，在为你打开一扇窗的时候，就会关上一扇门。可陆小曼是那般幸运，上帝把窗和门都为她打开了。

走出门，她可以去往她想去的地方；透过窗，她可以看到世间她想看的美景。

相貌、智慧、家世，这些普通女子可望而不可即的东西，对于陆小曼来说，她一出生就全部拥有了。

或许，在命运的脚本里，她注定是不凡的。否则，老天怎么如此宠爱她呢？

陆小曼性格开朗、爽快又掺杂着任性，在那个时代，注定会显露锋芒。

陆小曼生活在新旧交替的时代，她的灵魂早已注入的勇敢，是幸还是不幸？

勇敢的女子，注定会走一条新的路，而这条路注定是不平坦的。

女人就像这世间的花朵，各自有各自的美丽，有的娇艳欲滴,有的坚强隐忍,有的香气扑鼻,有的洁白如雪……每一朵花都有属于自己的故事。

每一朵花的生长,都离不开土壤的滋养。陆小曼生在书香之家,被父母呵护着长大。父母良好的教育,让她的人生充满了更多的可能。虽说条条大道通罗马,可有的人就出生在罗马,起点就在多数人的前头。陆小曼就是"出生在罗马"的人。这是上天对她的偏爱,让她拥有了太多别人望尘莫及的东西。

这个世界有很多种美好,而千篇一律的美好,很容易让人们忘记,只有新奇的美好,才能让人过目不忘,牢记在心。如个性鲜明的陆小曼,她身上有太多崭新的东西,所以才会留在世人的记忆里。

❷ 迎接新世界的精彩

含苞待放的花朵，惹人期待。

未来，它会是什么颜色，会绽放成什么模样，会有怎样的芬芳？时间会给出答案。

花苞在阳光下静悄悄地生长，直到某天你一眨眼，发现花苞已然绽放，那么灿烂，那么美丽。

陆小曼长大了一点点，父母便把她送到幼儿园去学习。

在那个年代，整个上海并没有几家幼儿园，能上幼儿园的小孩也不多。

对于穷苦人家来说，送孩子上幼儿园是一笔不小的开支，也是一笔没有必要的开支。女孩子，上学的都很少，去幼儿园的就更少了。

对于有钱人家来说，娃娃不兴去外头上学，请个私塾先生到家里来教更好，不仅安全，还能保证孩子学到更多的东西。

但陆小曼的父亲不一样，他毕竟去日本留过学，见过世面。

他非常清楚，孩子从小就需要学习，可是，请私塾先生这样的方式实在是太落后了。

家长把孩子送到幼儿园，让他走进一个集体，和同龄人一起学习，更有助于他的成长，还可以让他接触更多新鲜事物。

对于陆小曼来说，在幼儿园的时光过得很快，每一天都过得充实而自在。在幼儿园里，老师会给他们讲有趣的故事，会教他们画画，还会教他们一些简单的算术。小朋友们会和她一起玩游戏，她觉得开心极了。

而对于陆定夫妇来说，之所以把女儿送到幼儿园，是因为他们有更深层次的想法。两个人只有这一个孩子，这个孩子就是他们的未来，所以，他们把陆小曼当作陆家继承人来培养。

陆定留学日本，眼光和视野不用多说；吴曼华，是一个饱读诗书的才女，自然也懂得教育的重要性。一个人如果不受教育，就不会有清醒的灵魂，会被永远锁在愚笨的桎梏中。

尽管陆小曼是一个女孩，但以这对夫妻的格局来看，他们并不在意这个问题。

小时候的陆小曼，小巧玲珑，但是非常调皮、活泼，嘴巴很甜，很会说话，大人都非常喜欢她。她学什么都快，且学得像模像样。

有一次，陆小曼跟着母亲吴曼华一起去看戏，看完戏后，在回家的路上，她就迫不及待地对母亲讲："我想学唱戏，很想很想。"

吴曼华看着眼前这个五岁孩子眼睛里发出的炽热光芒，不忍心拒绝，就答应了她。

为此，陆小曼的父亲特地去请了梨园唱旦角的师傅来教她唱戏。

有一次，陆小曼唱戏给父母听，陆定夫妇听后不禁感叹：虽然没学多久，但女儿的神态、动作，甚至是腔调，还挺像那么一回事儿。

教陆小曼唱戏的师傅对陆定说："我是真心喜欢这个丫头，她非常有天赋。我想把她收进戏班子，好好地培养，说不定将来哪一天，她能成个角儿。她这么聪明伶俐，大红大紫不是问题。"

在那个年代，唱戏可不是一个好的行当，社会地位十分低下，况且一个大户人家的女儿，哪有去唱戏的道理。

陆定当然不会答应，只是回答师傅："让小孩儿唱戏，就是让她打发打发时间，师傅不必当真。"

陆小曼是陆定的掌上明珠，是要经好好培养做接班人的，怎么能去唱戏呢？

陆小曼一边唱戏，一边学习，不知不觉，童年就像生命中缥缈的一缕烟，很快就消失了。

时间到了1909年，陆小曼六岁了。这一年，陆定因工作调动要离开上海，前往北平。而陆小曼呢，自然也和母亲一起，随父亲一同北上。

当他们从小资情调的上海抵达古老庄严的北平时，陆小曼是开心的。她知道，这是一个新世界，会有新奇的东西。

在上海时，陆小曼是在幼儿园接受的启蒙教育。

到了北平，陆定索性安排陆小曼进了学堂，让她去接受小学教育，毕竟从小学教育开始才算真正的学知识。

陆小曼在北平女子师范大学附属小学读了七年书后，又去法国人创办的贵族学校圣心学堂读书，接受中学教育。

圣心学堂是一所由基督教教会创办的女子学校，由法国人创建，成立于1912年。这所学校中西结合，创建之初就开设了国文、日文、英文、数学、物理、化学、体操、生物、劳动、图画、音乐、修身、历史、地理等课程。这所学校教规严格，不仅要学习英文，还要学习现代体育课程。入学后，每个学生都要为自己取一个英文名字，用作日常英文交流，并且学校规定，学生的言谈举止也要符合社交礼仪标准。

想进这所学校读书，不是一件容易的事情，只有少数中国人才进得去。对于女儿，陆定有更多的期盼，于是，在陆小曼十五岁那年，花费重金将她送进了圣心学堂去学习。

陆小曼从未接触过圣心学堂设置的那些课程，对她来说难度不小。可在这样的教育环境里，陆小曼大开眼界。在圣心学堂，陆小曼成绩优异，性格开朗，很受大家欢迎。

环境对一个人的长远发展，至关重要。

在这一个个都是大家闺秀、佳人才女的环境里，陆小曼汲取了不少这方面的养分。

同时，在众多品学兼优的学生里，陆小曼仍能艳压群芳，成为当之无愧的"校园皇后"，她真是天生的主角。

除了在学校的苦读，陆小曼回到家里，要么画画，要么弹奏钢琴曲，要么朗诵诗歌，要么跳上一段舞蹈，她就是典型的有天赋还努力的"别人家的孩子"。

十几岁的时候，她已然擅长绘画，通晓英、法两国语言，能朗诵，会演戏，还写得一手漂亮的蝇头小楷，弹得一手流利的钢琴曲。

她虽然长得个子小，但楚楚动人，即使不施粉黛，不着华服，也惹人怜爱。

徐志摩曾这样形容她："我爱你朴素，不爱你奢华，你穿上一件蓝布袍，你的眉目间就有一种特异的光彩，我看了心里就觉着不可名状的欢喜。朴素是真的高贵，你穿戴齐整的时候当然是好看，但那好看是寻常的，人人都认得的，素服时的美，有我独到的领略。"

陆小曼的干女儿何灵琰也曾说："有人说陆小曼实在算不得

美人，年轻时清清瘦瘦，中年牙齿掉了也不去镶，十分憔悴，但是在记忆中，干娘是我这半生见过的女人中最美的一个。……别有一种林下风致，淡雅灵秀，若以花草拟之，便是空谷幽兰，正是一位绝世诗人心目中的绝世佳人。"

陆小曼如同一块天然去雕饰的玉，美在外，也美在内，称其为绝世佳人，一点也不为过。

刚到北平的时候，陆小曼时常会想起在上海孔家弄堂的日子，毕竟那里是她出生的地方。

住在上海孔家弄堂的时候，早晨，父亲出门去上班，她和母亲就会在院子里晒太阳、学画画。晚上，父亲回来了，一家人就围坐在一起吃晚饭，说说笑笑，享受幸福平和的生活。

在上海的生活，祥和宁静，充满真实的幸福感。

到了北平以后，陆小曼进入一个新的环境，被父母安排进了学堂，生活变得充实起来。

一个人的性格，跟她居住过的城市有非常大的关系。而上海和北平，是两个文化底蕴非常深厚的城市，它们拥有各自的文化基调，一南一北，温婉与热烈。

上海人精明能干，活得谨慎小心，因为当时历史背景复杂，为了抵抗倭寇和当地的地痞流氓，人们不得不小心行事，为维护自己的利益而绞尽脑汁地想各种办法。

那北平人呢？他们生活在天子脚下，豁达、无所顾忌、包容、真实，同时充满一种自信和勇敢。

而这两座城市的特性，都集合在了陆小曼身上。上海人的精明能干，北平人的包容真实，都成为她鲜明的性格特点。

文化气质，原本是一种摸不着的东西，可是，当它凸显在一个人身上的时候，就变成了一种真实可见的东西。

因为陆定是国民党党员，在北平的日子，陆家危机四伏。

1913年10月，袁世凯当选大总统。上位后的袁世凯非常清楚，国民党是不支持他的，便下令在全国搜捕国民党党员，而"陆定"就是搜捕名册中的一个名字。

当时，陆定要出门，陆小曼提醒他不要把证件带在身上。一个人若随身携带证件，难免会惹有心人猜疑。听到女儿这样说，陆定就把证件放在了家里。

那一年，陆小曼只有十岁，但她已经能把事情想得很周全。

后来，军警到陆小曼家里去调查。军警提了很多问题，都是关于陆定的，比如他的生活起居、生活细节、平时和哪些人接触、都什么时候回家等。面对这些问题，陆小曼镇定自若地回答，没有让军警找到一丝纰漏。她完全不像一个十岁的小女孩，出奇地淡定。

陆定在接受盘查的时候，也没有出现任何问题。就这样，一家人躲过了一场血光之灾。

在常人看来，一个十岁的小女孩，能懂什么？不过就知道好吃的糖果、好看的衣服、好玩的玩具。而对于十岁的陆小曼来说，她已经懂得在面对危机的时候，要用心保护自己和家人的安全。

很多时候，人的性格都是由境遇决定，但更多的时候，是人的性格决定了人生境遇。

面对新的世界，一个人要有新的姿态、新的想法，这样才能把每一步走得漂漂亮亮。

新的地方，会有新的开始。

❸ 在欢歌岁月里点亮憧憬

四季变换,落叶会变尘埃,雨滴汇聚成溪,流向大海,再也不会回来。每一天,与过去相似,却一直在改变。

当清晨第一缕阳光透过窗户落在桌子上,鸟儿清脆的鸣叫又跑来耳边,我们就知道,春天还会再来,柳树会有新的嫩芽长出来,人间也会有新的雨水落下来。

十六岁,是人生最美好的年龄,正值青春年华。就如同待放的花苞,娇艳欲滴,令人欢喜。

十六岁的陆小曼,正在贵族学校圣心学堂学习。

陆小曼长得漂亮,性格乐观开朗,再加上一身的才华,在同学中很受欢迎。

受欢迎的学生,当然会更加喜欢校园。

在圣心学堂度过的岁月,是陆小曼生命中很重要的一段时光。

圣心学堂,一所法国人创办的学校,教授学生各门知识,以及修身养性、音律艺术，最重要的是，教她们如何拥有女性的魅力和能力。

在那个年代，圣心学堂这样的教会学堂是培养名媛的大本营，很多豪门显贵、社会名流都会把孩子送到那里去学习。有些中产阶级，为了把孩子送到教会学堂去，不惜变卖家产作为学费。当时，北京的圣心学堂，上海的中西女中、圣玛利亚女中等学堂，都是民国时期的名媛学堂，由西方国家的传教士创办。后来，这些学堂就成为民国商贾名流、贵族女子专用的学堂。

这些女孩的家长都是人中龙凤，他们心里很清楚，只要让孩子进了这样的学堂，长大之后，便能拥有更多的社会资源，一定要让孩子赢在起跑线上。

陆小曼的父母，从来没想让陆小曼成为一个家庭妇女。在陆小曼身上，他们寄予的期望实在太多。

在时代变迁的关键时期，陆小曼这样优秀的女子，注定会是不一样的存在。

在学校读书期间，学校有一个要求：学会骑自行车和游泳，如果不会骑自行车，体育考试就按照不及格处理，并且下学期不能正常升级。

课余时间，父亲陆定专门为陆小曼聘请了一位英国女教师，负责教授她英文。同时，陆小曼还会在平日里学习钢琴和油画。陆定认为，学艺术的女孩子，会有与众不同的气质。

时间慢慢流动，陆小曼长大了，越长越标致，外人见到都会忍不住夸上一句：这丫头生得真好看。

陆小曼学会了梳妆打扮，铺床叠被，打扫房间卫生，已然是个纯洁美丽的少女。

在学校里，陆小曼是风头无两的人物，被同学称为"校园皇后"。她外出玩耍，或者去剧院，都会有男孩子对她献殷勤，主动表示想帮她拎包。

在参加舞会的时候，在场的男孩子都希望和"校园皇后"共舞一曲。不过，陆小曼对这里面的大多数人都不屑一顾，觉得他们只是俗人。然而，陆小曼的高傲，丝毫没能阻挡男孩子们追求她的热情。

有趣的是，陆小曼非常爱看武侠小人书。其中，《蜀山剑侠传》是她最喜欢的，对其爱不释手，经常带在身边，有时间就会读。在她的影响下，母亲和表姐也越来越喜欢读武侠小人书。三个人会一起看，然后探讨里面的剧情和人物。

不管是物质上还是精神上，陆小曼的生活都是如此富足。来自家庭和学校的双重娇宠，加剧了陆小曼内心欲望的膨胀。

陆小曼是圣心学堂的优秀学生，非常享受大家对她的簇拥，喜欢在社交场所被所有人注视的感觉。

但这一切，是陆小曼的幸运，也是她的悲哀。

有人说，正是因为她出身于这样一个富裕家庭，一切都来得太过于轻松,所以她看不到人生的真相。

年轻的陆小曼,对这一切并没有察觉。

往后的岁月会发生什么,当时无人可知。

在圣心学堂学习的几年,陆小曼除了获取大量知识,也成长得更加独立。而这一切,都为她未来的发展奠定了基础。学习外语,让她更靠近外面的世界;学习文化知识,让她的眼界变得更加开阔;在同学间游刃有余的社交,让她更自信。

十七八岁的陆小曼,比过去多了几分成熟稳重,风情只增不减。现在的她已然成为"皇后",那未来呢?肯定会更好吧!

陆小曼从小受父母教导,长大后进学堂学习,饱读诗书,琴棋书画,样样精通。这样的成长经历,对陆小曼来说,有着非比寻常的意义。

> 常记溪亭日暮,沉醉不知归路。
> 兴尽晚回舟,误入藕花深处。
> 争渡,争渡,惊起一滩鸥鹭。

这是词人李清照写的词《如梦令》,对大自然风景的礼赞,给人一种美的享受,被世人代代传诵。

李清照出身书香门第,父亲喜爱诗词,母亲是状元的孙女,知书达理,文思敏捷。

陆小曼与李清照，虽然生活的时代相差好几个世纪，但是她们拥有一样的美貌、一样的才情，还有一样让人心酸的人生经历。

此时，陆小曼读着诗词，感受着古代女词人的喜乐悲欢，感慨万千。过往回不去，未来不可知，她能够抓住的只有当下。

❹ 青春该有的光芒

有人说:"青春是上天送给人类唯一的礼物。"

繁花似锦的年纪,就是十七八岁。那时候,你对这个世界充满向往,对未来充满信心,仿佛所有的一切,都是值得期待的。

青春的曼妙便是如此,除去年轻的容颜,更重要的,是那充满希望的美好心灵。

十七岁的陆小曼,一袭白裙,整齐的刘海,让她那一双眼睛更加灵动,散发出少女独有的魅力。

对她来说,岁月是一种成长的加持。

经过在圣心学堂的学习,陆小曼仪态优雅,谈吐得体,受人夸赞。

最关键的是,她掌握了一口流利的英语、法语,已经能和外国人对话了。无论走到哪里,她都能吸引众人的目光。追求她的男青年,数不胜数。

陆小曼的一位友人是这样评价她的："在学生时期，她便能诗善画，能写一手蝇头小楷，还能唱歌演戏。"

陆小曼在圣心学堂念书的时候，曾发生过这样一件事。

一位法国人去圣心学堂参观，在走廊上，他看见了一幅油画，非常惊讶，急忙询问画者是谁。陪同参观的校方人员回答："是我们学校的一个学生，叫陆小曼。"

法国人非常欣赏和喜欢这幅画，于是付给校方两百法郎，买走了这幅画。

这件事情，在校园内外掀起轩然大波，引发了广泛关注，人们都留意起这个叫陆小曼的女孩。而这幅画，也成了陆小曼开启绘画生涯的成功之作。

彼时，在新文化运动的影响下，妇女获得了解放。随着新思潮的涌入，很多知识女性步入社会，参加各类活动。

有的从政，有的从军，有的从商……一时间，当时的中国妇女获得了前所未有的自由。

条件好的家庭，还会把自家女儿送到西方国家学习。比如，有名的才女林徽因，当时便跟随父亲林长民去伦敦经济学院求学。

1920年10月，林徽因初次见到徐志摩。徐志摩当时的身份，是林长民的朋友。一年后，林徽因回国继续读书。此时的陆小曼，已经在北平社交界有了些名声。

无论林徽因还是陆小曼，都是民国时期优秀女性的代表，她们是走在时代前面的人。

林徽因缄默矜持，理智冷静，一生平安顺遂；陆小曼才智双全，万种风情，晚年光景凄凉。不同的人生底色，不同的人生选择，自然会有不一样的命运。

此时，国内的女性同胞开始在婚姻上寻求自主权，反对包办婚姻以及买卖婚姻。她们追求男女平等，向往自由恋爱。

1920年，对于陆小曼来说，是她生命中关键的一年。

当时，北洋政府外交部的外交官顾维钧，要在圣心学堂挑选一名精通法文和英文的女学生，到外交部负责翻译和外事接待工作，而且这份工作对女学生的形象要求很高。

而整个圣心学堂，最适合这份工作的人，便是陆小曼。

陆小曼的父亲陆定在财政部，顾维钧在外交部，两人"同朝为官"，再加上是同乡，无论明选还是暗选，陆小曼都是不二人选。在外交部工作，这是个多好的机会啊！

顾维钧，是一个对陆小曼产生了重要影响的人。1920年，他虽然还不是外交总长，但是在外交部说话非常有分量。1922年，他接任外交总长职务。1927年，他又组阁任"国务院总理"。

一直以来，顾维钧都被称为"民国第一外交家"，可见其在外交部的地位。

陆小曼在外交部见习了三年。在这三年时间里，顾维钧一直很照顾她。对陆小曼来说，在外交部见习的三年，让她丰富了阅历，比起同龄人更能适应社会。

陆定夫妇自然为此感到骄傲。

在外交部工作，陆小曼所见到的人，都是高级官员、社会名流或专家学者。

尽管当时的中国四分五裂，但丝毫不影响这些达官贵人的奢靡生活。

虽然陆小曼只是充当助理的角色，可是，这种奢华的生活场景深深地刻进了她的脑海。

人的本性是向往浮华，享受簇拥，热衷享乐的。外交部这个地方，为陆小曼的人生增添了一份特殊的意义。

在陆小曼看来，这样的生活是有趣的，一点儿也不单调。她每天都在接触新的人、新鲜的事，游走在花花世界中，生活绚烂且多姿多彩。

但这光怪陆离的生活，是否会永远这么精彩呢？

在外交部见习了三年，陆小曼得到社会各界的一致好评。

在一次社交活动中，顾维钧对友人说："陆定的面孔，看上去一点儿也不聪明，他的女儿陆小曼小姐却是那么聪明美丽！"

当时，陆定也在场，听到顾维钧这样夸自己的女儿，心里感到无比自豪。

陆小曼的确聪慧伶俐。有一次，一位法国将军在检阅仪仗队时，发现仪仗队队列走得不整齐，就对陆小曼说："你们中国的练兵方法，大概和其他国家有很多不同吧！"

陆小曼听到对方这样说，自然明白他的意思。但她机智地回答："倒没什么不同的方法，只不过因为您是世界上大名鼎鼎的英雄，这些队员见到您之后啊，感到激动，所以有些心慌，动作不够整齐，他们是因为敬畏您！"

这样的回答，顿时缓解了尴尬，但又不失体面。法国将军听后，向陆小曼回以微笑。

陆小曼一直被冠名"东方美人"，更因其乐观开朗而不羁的性情，非常受外国友人喜爱。

虽然那个时代的中国处于危难之时，但面对外国人，陆小曼从未有过一丝一毫的卑微和胆怯。

在一次晚会上，一个外国政要带了自己的孩子参加。这个孩子很张扬，和一群中国孩子玩气球时，用烟头把中国孩子的气球给弄破了。中国孩子当场就被吓哭了，那个外国政要却哈哈大笑起来。

陆小曼很气愤，便用相同的方法把那个外国政要孩子的气球给点爆了。在这样的问题上，陆小曼绝对不会选择忍气吞声，而这也是她的魅力之一。

当见多识广、聪慧伶俐、美丽动人、多才多艺……这些词汇集中在陆小曼一个人身上时，她是多么让人嫉妒啊！

比起过去那个单纯的女学生和大家闺秀，三年翻译工作的经历，让陆小曼成长为一位有主见、有魄力的名媛，展示出更多的才华与魅力。与此同时，她也收获了更多的自信和更多的能量，一步步努力成为更优秀的自己。

第二章

绽放·踮起脚与世界共舞

❶ 轻轻落笔写一段灿烂时光

当远行的人邂逅归家的那盏灯火,会有什么样的故事发生呢?

人生的每一段际遇,都有它独特的意义。

不管你遇到什么样的人、什么样的事情,必然都能够教给你点什么。这个过程,也许路途坎坷,但你总能找到最适合你的那个方向。

有人对名媛进行了这样的定义:"名媛,绝对讲究阶级、讲究出身。她们既有血统纯正的族谱,更有全面的后天中西文化调理;她们都持有著名女子学校的文凭,家庭的名师中既有前朝的遗老遗少、举人学士,也有举止优雅的英国或俄国没落贵族的夫人;她们讲英文,又读诗词;学跳舞,弹钢琴,又习京昆山水画;她们动可以飞车骑马打网球,玩女子棒球,甚至开飞机……静可以舞文弄墨弹琴练瑜伽……"

这段话，完全就是陆小曼的真实写照。

在那个时代，名媛跟明星没有多大区别。他们都是耀眼且闪亮的星，随时随地被人关注着，簇拥着。

北平城的各个社交圈，没人不知道陆小曼。

陆定本想让陆小曼在外交部有个体面的工作，却不承想，陆小曼在这奢侈的生活里已经无法停下来。在那个时代，女子太过招摇，总归不是一件好事。所以，陆定夫妇决定，用婚姻来约束陆小曼。他们认为，如果让女儿结婚了，那么她必定会收起心来，对浮华的生活不再充满向往。

拥有"第一美人"之称的陆小曼，自然会得到无数人的赞美和欣赏，除了来自男士们对她美貌的夸赞，还有女士们对她的羡慕。

可是，对于一位人生阅历并不丰富的年轻女性来讲，如此艳丽的光环，究竟是一件好事还是一件坏事呢？盛名，对一个女人来说，有时是有些可怕的，因为它既可以成就你，又可以毁掉你。

陆小曼是一个任性的女孩，她并不在乎世俗的眼光与偏见，只关注自我。如果她想活在众人艳羡的目光里，定会不甘于寂寞。聪颖如她，多才多艺，同时又桀骜不驯，身处名利场，浮华很容易让她迷失自我，不安于平淡的个人生活和家庭生活。

平淡无味的家庭生活，总会让她从心底生出无趣。因此，一旦家庭生活中的责任与她的社交生活发生冲突，必定会产生一些问题。

1921年，陆小曼已经十八岁了。在那个女子年满十六岁便可以结婚的年代，陆小曼已经算个大姑娘了。不过，陆小曼倒不着急，此时的她，还没有看上哪个男子。她也不像传统女子一样，向往相夫教子的生活，她喜欢自由的人生。

当父母给陆小曼张罗婚事时，她莫名地感到烦躁。可是，父母之命，媒妁之言，她只能接受。

奔着陆家和陆小曼的名头，不计其数的名门望族到陆家提亲。他们送给陆定的礼物都相当罕见，塞北的鹿茸、东海的扇贝、江南的黄鱼、西域的驼峰，成箱地运去陆家，由此可见陆小曼的受欢迎程度。

见识广博如陆定，并没有被这些糖衣炮弹迷惑，他甚至都瞧不上这些富家公子，认为这些公子哥儿基本上都是靠着家里过日子，整日游手好闲，一点儿前途都没有，根本靠不住。

尽管来陆家提亲的人多得踏破了陆家的门槛，但陆定夫妇不会轻易将陆小曼许配给他人，一定要为女儿选一个具有远大前途的丈夫。

终于，陆小曼的父母有了合适的人选，这个人叫王赓。

王赓，1895年出生，毕业于清华大学，并于1911年前往美国留学。他先后到密歇根大学、哥伦比亚大学、普林斯顿大学学习，于1915年获得普林斯顿大学文学学士学位，后来又到西点军校攻读了军事学。他和美国名将艾森豪威尔是同学。

1918年6月，王赓以优异成绩从西点军校毕业，同年回到国内。

西点军校对王赓是这样评价的："He was a credit to West Point."翻译成中文是：西点以他为荣。

王赓祖上也是书香门第，原本靠着祖上的庇佑，一辈子衣食无忧是没问题的，可惜到了王赓父亲这一辈时，家道中落。

王赓小时候就与其他孩子不同，他喜欢待在家里看书，不喜欢出去玩耍。长大些后，他更是认真读书，立志要为国家效力。

美国普林斯顿大学图书馆，有关于他的记录：王赓，中国陆军中将，1942年4月死于埃及开罗……原本是官宦子弟，家道衰落后发奋求学，在北京安定中学和清华留美学堂受到早期中国教育，因学业成绩优异，且性格极具中国传统气质，被选中公费派到美国进一步接受教育。1911年，他先在密歇根大学读了一年，二年级进入哥伦比亚大学，三、四年级进入普林斯顿大学，读历史和政治系，1915年以名列第14位（共116名文科生）的优异成绩毕业。

王赓在回国之后便供职于陆军部。1918年，巴黎和会期间，国家需要留学归来的军事专家协助，以此来为中国争取权益，所以任命王赓为巴黎和会代表团上校武官，同时兼任外交部外文翻译。

也正是由于这个机会，王赓认识了他生命中很重要的一个人：梁启超。梁启超当时在巴黎和会外围，为呼吁中国权益的事情而奔忙。

梁启超看到了王赓的才华与人品，所以收他做了自己的弟子。

在那个特殊的年代，王赓是个不可多得的人才。他身高一米八几，再加上在军队的锻炼，浑身皆是结实的肌肉，配上笔挺的西装，英俊潇洒，气宇不凡。

凡此种种，放眼当时，没有几个年轻人能与之相比肩。据说，王赓一回国，就被好多"丈母娘"盯上了，陆定夫妇自然也有了想法。

陆家是书香门第，陆定又是财政部的官员，陆小曼更是知书达理、饱读诗书的名媛，总要找个条件相当的人。在陆定看来，只有王赓这样优秀的年轻人，才配得上自己的女儿，才配做自己的女婿。

在军阀混战的年代，一个人要能文能武才有出路。虽然王赓家世没落，但他必定前途无量。

有人曾如此描绘丈母娘看女婿："陆小曼之母，看到有这种少年英俊……说这穷小子将来一定有前途，虽然王赓年龄长陆小曼七岁，但并无大碍，毫不迟疑地便把陆小曼许配给了他。"

缘分就是这么妙不可言，1921年，陆小曼和王赓，在唐在礼夫妇的介绍下，产生了人生的交集。

面对王赓，十八岁的陆小曼只觉得他很有男子气概，也很绅士，她听别人说，听父母说……

听别人说，王赓是一个有志向的人，是一个刚正不阿的人，是一个有未来的人，是一个年纪轻轻就向权力中心靠拢的人。

听父母说，这个人很优秀，和她很般配。父母对这门亲事非常满意，所以，陆小曼想，自己嫁给他，应该会幸福的。

王赓相貌英俊、谈吐不俗，而且因为个人特殊的成长经历，他丝毫没有纨绔子弟的不良嗜好。这样一个超级凤凰男，和家境优越的陆家小姐，刚好匹配。

他以自身的优秀和岳父陆家的财力、社会地位作铺垫，想闯出一番事业，不是难事。

于是，陆小曼和王赓从订婚到结婚，用了不到一个月的时间，人称"闪电结婚"。

十八岁的少女，又怎能明白婚姻生活的真相呢？

王赓见到陆小曼的时候，他是欣喜的，被陆小曼美丽的容颜和迷人的气质所吸引。或许他在想，如果能和这个女孩步入婚姻殿堂，此生无怨无悔。

当然，爱情这种东西，虽然让人迷恋，但现实很容易让人清醒。

王赓很有事业心，大多数时候，他都在工作，即便是在家中休息，他也不会放松精神，放纵自己；他从不愿在儿女情长上花费自己的时间，因为他要建功立业。

王赓很清楚自己想要的是什么。他虽前途无量，可毕竟是个穷小子，此时的他需要一个中西贯通、娘家财力雄厚、社交网广博的太太相助，帮他开拓事业。此时的陆小曼，是他最好的选择。

陆小曼的父亲是财政部官员，陆小曼本人是北平最出众的名媛。同时，陆小曼才情俱佳，是个很合适的恋爱对象。所以，不管从现实因素还是从感情因素出发，陆小曼都是他梦中的那个倩影。

❷ 行进在幸福的轨道上

这个世界因充满未知而格外吸引人。对于一个少女而言,对未来充满期许,就是美好的事情。此时的陆小曼,便是如此。

她会过上什么样的生活?有了另一个人的相伴,是不是在夜深人静的时候,就能少些叹息?

未来的婚姻生活,是如同传统小说里描写的举案齐眉,还是像外国小说里描写的轰轰烈烈?

婚姻生活是不是两个人白头偕老,相亲相爱,朝着一个方向行走?

总之,没有经历过柴米油盐酱醋茶,没有坐在家庭主妇堆里聊上几天,可能就无法直视婚姻的真相。而陆小曼,她仿佛不用着急这些。

她是父母的掌上明珠,有殷实的家底,未来的丈夫前途无量……她完全不用忧虑。

才子和佳人，当然会有一个美满的结局。童话故事里，不都是这样的吗？而陆小曼又是那般幸运，想来老天一定会给她一段完美的婚姻吧。

就这样，陆小曼的婚事定下来了。在北平城，这可是头条新闻。

"陆小曼嫁的是谁呀？"

"真幸运！居然能够娶到陆小曼。"

"这北平城的第一名媛都找到归宿喽！"

当人们沉浸在这个新闻中时，新闻的女主角，正趴在自家窗前，看着天上的月亮，看着洒在院子里的月光，开始畅想，畅想她的未来……

她会不会和丈夫一起，探讨诗词歌赋？他俩会不会有说不完的话，会不会成为亲密的朋友？

会不会在某一天，儿女成群，孩子们趴在他们的膝盖上，听他们讲故事？

会不会在多年后的某一天，两个白发苍苍的老人，坐在一起谈论过往？

浪漫如她，对未来的勾勒都是美好的。

人间的山河里，写满了故事。故事里，装满了人间的山河。

一个人如果可以将人生过得如诗一样，那是多么幸运的事情。如果永远以这种姿态生活下去，陆小曼将会是幸运且幸福的。

③ 盛世佳偶，举世瞩目

有人说，世界上最美丽的衣裳就是婚纱，能衬出女人所有的美。所以，女人在出嫁的那一天，是最美丽的。

1922年的一天，北平秋高气爽，微风拂过，飘来阵阵花香。此时，唐在礼夫妇已经开始给陆小曼张罗婚礼大事了。

好事要赶早。陆小曼与王赓之间，从订婚到结婚，时间还不到一个月。在唐在礼夫妇的撮合下，一切都很有效率地进行着。

那时候的女子，多数都是在懵懵懂懂的时候就嫁了人。至于婚后会过什么样的生活，她们并不清楚。

1922年10月10日，是陆小曼与王赓结婚的日子。

彼时的陆小曼，是北平城里的社交名媛，而王赓，是当时拥有大好前程的军需人才，他们二人的婚礼，注定会空前的热闹。

这是一场被历史记载的婚礼，场面宏大，光是陆小曼的伴娘，就有足足九个人，同时，还有几位英国小姐相伴左右。当天参加婚礼的外宾，也有几百人。而看热闹围观的群众，不计其数。

而且，当天来的众多人物，都是社会名流，政界官员或者商界泰斗。

围观的群众，看到如此热闹的婚礼现场，无不感慨：这陆家小姐，可真是好命啊！

如此豪华奢侈的婚礼，必定需要大笔的费用开支。而这一笔钱，全部由陆家承担。

陆小曼当天穿的婚纱，是专门定制的，价格不菲。当天，所有伴娘的服装以及服务生们的衣服，也是陆家找人专门定做的。

陆定就这么一个女儿，自然会把最好的都给她，要风风光光地把她嫁出去。

细想一下，王赓遇到的，真是天下第一好事：不仅娶了一位漂亮的妻子，还攀上一位有钱有权的岳父大人。另外，岳父岳母还不收他彩礼钱，反而把一切都帮他操办好了。

当时，西方的很多观念已被传入国内，改变了很多人的思想。一直以来，人们把婚姻和爱情两个观念融为一体。起初，"爱情"这样的词汇，并不存在于人们口中。可是，有些东西，它不存在于口中，并不代表不存在于心里。

这两个年轻人，都接受过西方教育，他们真的能处理好婚姻琐事吗？

此时的陆小曼和王赓，对彼此并不了解。但在家长的安排下，他们快速地走进了这一场婚姻。

十九岁的陆小曼，在这场盛大的婚礼结束后，成了王赓的妻子。陆家对王赓，当然是充满了期待，他们希望王赓能干出一番大事业，给陆家争光。

王赓前途光明，陆小曼什么都不用做，只需好好享受富足的生活，生儿育女，操持好家中琐事。

王赓比陆小曼大七岁，对陆小曼很疼爱，很多事情都会顺着她。婚后的陆小曼，也想做一个好妻子，收敛了很多自己的小性子。

曾有人说，婚姻是爱情的坟墓，在你选择走进婚姻的那一刻开始，就务必要做好过平淡人生的准备。

婚后的爱情不会永远充满新鲜感，大多数时候，它就像一碗没有味道的白开水。

陆小曼那一场空前绝后的婚礼，让很多女孩子羡慕不已。可是，人生不是用来给别人看、让别人羡慕的，是苦还是甜，只有自己才能够明白其中的滋味。

这一场婚姻，是长辈们为她选择和操持的，但只有身处婚姻生活中的陆小曼才会知道，长辈们的选择是正确的还是错误的。

记得有人曾说过："任何人都可以帮你做选择，但只有你自己来承担所有的后果。"

陆小曼从来都是一个自由的人。她有思想、有学问，知道自己想要的是什么。但她太感性，在这场婚姻里，注定是她一个人的战争。

在外人眼中，王赓是才子，陆小曼是佳人，他们的现实条件是如此相配。但只有他们自己知道，彼此的灵魂到底契合不契合。

④ 当爱情褪去华彩

爱情,是女人心中最大的事。

女人,是非常感性的生物,她们一生都在寻找爱,寻找心灵的归宿。

嫁为人妇的陆小曼,成了王太太。每天的生活,便是打打牌、听听戏、跳跳舞,找人吃吃饭、聊聊天。大量的精力和时间,她都用来打扮和消遣。这一切,是很多女人羡慕的。但陆小曼不是寻常女子,她所见过的世界,比一般女子广阔得多。

在外人眼中,她的生活是无可挑剔的,有用人伺候,有丈夫呵护,她不需要去迎合谁,没有纷杂的家庭琐事。

她只需要泡上一杯香醇的咖啡,坐在自家院子里,拿起一本书来读读……一辈子就可以这样岁月静好地过下去。

有人说,女人是两个版本的书,一个是精装本,另一个是平装本。精装本,是给别人看的;平装本,才是给家人看的。

对于陆小曼来说，别人看到的她，是精装本：贵夫人，精致太太。可平装本的那一面，只有她自己才清楚：孤独，缺乏陪伴；生活无趣，与丈夫没有共同语言。

很多美好的东西，都是有保持期的，一旦过期，就不复存在，比如爱情。

嫁人之前，陆小曼是名媛，在各个宴会上风光无限。但如今，她只能待在家里，任孤独和寂寞折磨着自己。她明明喜欢热闹，不喜欢冷清，此时却是一个人独自面对孤寂。她本是一朵在阳光下生长的花，现在却独自活在阴影里。可做笼子里的金丝雀，不是她想要的生活。

当时的中国妇女，在嫁人之后，生命中便只剩下两个主题：丈夫和孩子。

但陆小曼接受过西方教育，对于这样的陈旧观念，她无法接受。男人是人，女人也是人，也要在世间活一辈子，怎么能时时刻刻去候着别人？人必须先为自己活。

陆小曼曾在日记里写过这样一段话："在她（母亲）看来，夫荣子贵是女子的莫大幸福，个人的喜怒哀乐是不成问题的，所以也难怪她不能明了我的苦楚。"

她无法忘记宴会上绚烂的灯光，无法忘记曼妙的音乐，无法忘记人们对她的追捧。对比记忆中的多彩时光，十九岁的她，难以承受此刻的压抑和孤独。

陆小曼喜欢热闹精彩的生活。她认为,孩子和丈夫不应该成为女人生命的全部。人必须先为自己活,才不枉来这个世界上走一遭。

婚后一年,王赓成了交通部护路军的副司令,后又晋升为陆军少将。

对于陆小曼的父母来说,这是一件好事情,一切都正如他们希望看到的那样。可是,王赓升官以后,工作更加忙碌了,常常忙到深夜才回家。有时候,陆小曼一周才能见到王赓一次。

在王赓看来,有志之士,必定以国家和民族大义为重,至于儿女情长,并不重要。

在这种情况下,陆小曼对眼前的生活日益感到苦闷、孤独、寂寞。她守着空房,却等不来归人。

此时的她,只是王赓的附属品——王太太。

王赓深受军校生活的影响,他与人相处,都习惯按照在军校学习时的方式行事。在浪漫多情的陆小曼看来,这简直太无趣了。

他在生活中一丝不苟地遵循着军校生活的作息习惯,对什么时间工作、什么时间娱乐,都规定得非常清楚。周一到周六是工作日,王赓决不娱乐,每天早出晚归,在家里除了吃饭看书就是睡觉,跟妻子之间缺少沟通和交流。他也根本不会带新婚宴尔的妻子出去逛街散心。忙碌又充实的他,完全忽视了寂寞无聊的陆小曼。

即便到了周末，有了一些空闲时间，他也不知道做点什么来讨好妻子。有人说："在对付女人的问题上，他简直笨拙得要命，不会笼络也就罢了，他简直连笼络女人的想法也没有。"

嫁给一个工作狂，陆小曼难免会心生郁闷。一个浪漫的人，却嫁给了一根不懂风情的木头，换作是谁，都容易满腹怨气。

在外人看来，王赓确实是一个尽职的军官、对家庭负责的好男人。他每天早睡早起，平时也不喜欢参加聚会，把大部分时间都献给了工作。

他对自己要求极严，工作上十分出色，这毋庸置疑。可是一个丈夫把这样的工作方式运用到家庭生活中，作为妻子的陆小曼能够接受吗？

陆小曼需要王赓的陪伴，以化解她内心里的苦闷。但王赓一心扑在事业上，完全忽视了陆小曼。两个人注定会渐行渐远。

磊庵在《徐志摩与陆小曼艳史》中写道："谁知这位多才多艺的新郎，虽然学贯中西，对于应付女人，却完全是一个门外汉。他自娶到了这一位如花似玉的漂亮太太，还是一天到晚手不释卷，并不分些工夫去温存温存，使她感到满足。"其大意是指，王赓不解风情，每天回到家里，不去陪伴自己的妻子，反而直奔书房读书学习，这难免会让陆小曼产生郁闷的情绪。

那个时代的贵妇人，大多是靠打麻将消磨时间，陆小曼也不例外。当时，陆小曼的干妈、舅妈都曾约过陆小曼打麻将。这也算是一种社交，陆小曼没有推辞，违心地前往了。可是，一位知识女性和一群传统家庭妇女，又能有什么共同话题呢？陆小曼甚至有几分厌恶打麻将这件事情。她曾在日记里这样写道："赌——真害人……我希望我们将来一定不赌。我同你的生活必须要同人两样的，那些俗事我们不要加入。至亲打几圈牌是免不了的，牌九可千万不要来。"

后来，打麻将这样的事情，陆小曼就很少参与了。她开始静心学画，继续提升英语、法语的口语能力，有时候，还会请一些老师指导自己的学习。

当时，还流行看戏，秦腔、川剧、京剧、徽调等剧种都非常受欢迎。尤其是京剧，当时京剧的领袖人物是梅兰芳，他的戏，一票难求。

看完戏之后，就到了吃晚饭的时间，一般这个时候，都会有男士来请客，女士是不必埋单的。当时很多社会名流，都以能邀请到陆小曼一起看戏、吃饭为荣，比如胡适。

当时，六国饭店、北京饭店是专门用来接待外国贵宾的。在这里吃饭，是很讲究的，如果能带来一位名媛，那么这个饭局便会提升几分品位。社会名流，如果请不到名媛作陪，是很丢面子的事情。

而陆小曼，作为当时北平城的第一名媛，收到过不计其数的邀请函。因为她不仅是北平最广为人知的名媛，还通晓英文和法文。当时精通英法两国语言的女子并不多，任谁若能邀请到陆小曼前去，一是可以撑场面，二是可以做翻译。

陆小曼在日记中写过，她对这类宴会其实非常地反感，多数时候都是不得已才前往。

除了看戏，陆小曼还热衷跳舞。当时，北平的夜场舞会是持续到天亮的。

王赓一周回家一次，而这一天的陆小曼，原本应该在家里陪伴王赓，推掉所有的应酬。但陆小曼总有难以推辞的事情，导致夫妻二人之间产生了矛盾。

王赓不善言辞，吵起来时便习惯保持沉默。

军人具备的威严，在王赓身上体现得很明显。有时候，王赓会板着一张严肃的面孔，一句话都不跟陆小曼讲。

面对这样的王赓，陆小曼是害怕的，又觉得王赓太陌生了，让她不敢轻易靠近。

对于陆小曼在外交际之事，王赓没有过多干涉，可见他是爱陆小曼的，只是不愿用直接的方式表达出来。

很多时候，王赓会劝陆小曼，希望她不要总是出去抛头露面。然而，陆小曼是见识过外面花花世界的人，又怎么能够忍受寂寞呢？

一个在传统思想教育下长大的女人,顶多是对丈夫的冷落在背地里生气,也许还会为丈夫的进取心感到骄傲,毕竟丈夫所做的一切努力都是为了飞黄腾达。

可是,陆小曼不是传统文化环境中长大的大家闺秀,她接受了现代的西式教育,再加上在外交圈的见识,她早就过惯了受众人追捧的生活,也早已明白什么才是内心想要的快乐,现在让她摒弃自己的天性,像笼中鸟一样生活,似乎不太可能。她越来越接受不了这种被冷落、被忽视的生活,特别希望得到丈夫的关心和呵护。

一个从小受到西方文化熏陶的人,强烈的自我意识早已苏醒。一直以来,陆小曼就想做一个新时代的女性,希望可以活得自由洒脱。

陆小曼内心是苦楚的,因为在这段婚姻里她没有感受到爱情,几乎所有人都要求她做一个好妻子,所有人都对她的生活指手画脚,却没有一个人真正关心她的需要和感受。

陆小曼心里的苦闷,即使面对父母,也不曾讲过。

她曾在《爱眉小札·序》里这样写道:

婚后一年多,我才稍懂人事,明白两性的结合不是可以随便听凭安排的,在性情与思想上不能相谋而勉强结合是人世间最痛苦的一件事。当时因为家庭内不能得着安慰,我就改变了常态，埋没了自己的意志，葬身在热闹生活中去忘记我内心的痛苦。又因为我骄慢的天性不允许我吐露真情，于是直着脖子在人面前唱戏似的唱着，绝对不肯让人知道我是一个失意者，是一个不快乐的人。

此时的王赓，还没有意识到这一切。妻子的落寞、孤独，以及对自己的畏惧，他都没有察觉到。他忽视了陆小曼的感受，根本不了解自己的妻子——她并不是一个普通的女人。

王赓只是拼尽全力，满足妻子在物质上的需求。看着陆小曼总是很晚回家，还整天萎靡不振，对什么都没有兴趣，他也很担心。但他真的不知道，如何才能让陆小曼开心起来。

后来，陆小曼也不管丈夫高兴与否，常常和一群小姐太太一起出去吃饭、打牌、跳舞、唱戏，在精彩的夜生活中消磨光阴，经常在天快亮了的时候才回家。

她每天沉迷于交际活动，对什么都漠不关心，过着阔太太富足而百无聊赖的生活。白天，陆小曼几乎有大半时间都在床上睡觉，到了下午才起床，然后精心装扮一番，为即将开始的夜生活做准备。

陆小曼对自己的生活没有目标、没有信心，整个人如同没了灵魂，她仿佛在用这种态度和方式反抗无趣的婚姻生活。

她曾在日记中写道：

其实我不羡富贵，也不慕荣华，我只要一个安乐的家庭，如心的伴侣。谁知连这一点要求都不能得到，只落得终日里孤单的，有话都没有人能讲，每天只是强自欢笑着在人群里混。

一个人面对的最可怕的事情，就是在生活里失去了希望。一个人在看不到前路的时候，生活里任何的小问题，都有可能成为大问题。

当爱情离开婚姻的主场，生活从此毫无乐趣，陆小曼实在无法接受。她不知道，自己还能指望什么，如何去度过漫漫余生。

她是一个渴望爱情和自由的人，而这两样东西是这世间的宝物，只有少数好运的人才能够得到。

婚姻本身是一种责任，而责任往往是一种束缚。面对这种束缚，陆小曼无所适从。

结婚之前，陆小曼从来没有为哪件事情感到焦虑过，没有过无所适从、失去信心与希望的状态，现在，她第一次感到惶恐。

她认为，没有希望的前路，不值得走下去。

爱情退去了，婚姻的真相浮出水面，等待着陆小曼和王赓的，只能是一个悲哀的结局。

第三章

迷惑·爱在错误的时间点燃

❶ 是共舞还是离去

当婚姻最开始的浪漫退去，热闹和孤寂的落差，就显现了出来。陆小曼觉得人生失去了意义。人生一旦失去意义，就会让人充满恐惧。

婚姻最真实的价值，在于相互守护。在这繁重的人世里，彼此扶持；在风雨飘摇的夜晚，相互安抚对方的灵魂。但此时，陆小曼的婚姻出现了问题。她的婚姻，并不能带给她这些东西。

陆小曼曾在日记里这样写道：

从前多少女子，为了怕人骂，怕人背后批评，甘愿牺牲自己的快乐和身体，怨死闺中，要不然就是终身得了不死不活的病，呻吟到死。这一类的可怜女子，我敢说十个里面有九个是自己明知故犯的，她们可怜，至死不明白是什么害了她们。

可见，此时的陆小曼，对自己的婚姻现状已失望透顶。

如果一个女子足够幸运，遇上一个和自己性情相投的人，深夜时分，两个人能说上几句知心话，疏解心中的烦闷，那是多么幸福的事。

但大多数女子都是不幸的。

陆小曼的这一段婚姻，让她感到痛苦和压抑。

此时的陆小曼，想找寻一个方式解救自己，可是很难。

陆小曼与王赓结婚后的第二年，是陆小曼的婚姻发生根本性变化的一年。在这一年，一个文学才子走进了陆小曼的世界，他叫徐志摩。

徐志摩，当代诗人、散文家，新月社成员。

新月社成立于1923年，是当时最大的一个文学社团，它的目标是探索新诗理论和新诗创作。社团的主要成员有徐志摩、胡适、梁实秋、闻一多，还有林徽因、张君劢、凌叔华、韩湘眉等。这是一批知识精英，他们热衷文学，希望能在文学和艺术上开辟一条新路，书写华丽的时代新篇章。

新月社的办公地址，在当时松树胡同的一座花园平房里。聚会的时候，房间里热闹非凡，总是传来一阵又一阵的话语声和欢笑声。平时却十分冷清，因为只有徐志摩住在这里。当时，徐志摩简直就是新月社的代言人。

陆小曼之所以会走进这样一个圈子，也不全是为了写作、读诗，主要是因为这里文化氛围浓烈，再加上社团成员又都是新时代的知识精英，大家交流起来十分愉悦。

有时候，大家会坐在一起排练话剧，而陆小曼凭借自己的表演才艺，在众多才子佳人当中颇受欢迎。

在王赓休假的时候，陆小曼还会带着王赓一起到新月社参加聚会。当然，在这个地方，王赓还能见到他的同门师兄：徐志摩和胡适。

王赓、徐志摩、胡适三人都是梁启超的弟子，在后来的交往中，三人成了好朋友。在王赓与陆小曼结婚的时候，徐志摩还是伴郎。

进入新月社后的陆小曼，和徐志摩渐渐熟识了起来。

据说，在徐志摩小时候，一个叫志恢的和尚摸过他的头，并且预言"此人今后必成大器"。这句话正中徐志摩父亲的下怀，他也希望儿子将来能成大器。

1918年，徐志摩即将前往美国学习金融学时，他的父亲给他改名为"徐志摩"（他原名叫徐章垿），"志"字来自志恢和尚的法名，"摩"字来自唐代诗人王维，因为王维字"摩诘"。

徐志摩祖上世代经商，徐志摩的父亲在创办裕通钱庄后，又开设人和绸布号，家资丰厚。而徐志摩是家中独子，在十八岁时，应父母之命，与十五岁的张幼仪结婚。在徐志摩二十一岁时，两人有了第一个孩子。不过，徐志摩对张幼仪从来就没有什么感情。

徐志摩在与陆小曼相识的时候，刚刚遭到才女林徽因的拒绝。

林徽因，中国著名建筑师、诗人、作家，她的代表作有《你是人间四月天》《九十九度中》等作品。林徽因一生活得云淡风轻，理性且克制。

1920年，林徽因跟着父亲林长民一起去英国学习。当时，徐志摩正在剑桥大学留学，得以和林徽因相识。

林长民和徐志摩的关系非同一般，一方面，林长民算是徐志摩的兄长，另一方面，两人又是亲近的好友。

认识林徽因后，徐志摩被她深深地吸引。他热烈地追求林徽因，全然不顾自己已经有了妻子张幼仪的事实。

面对浪漫多情的徐志摩，林徽因当然心动过。可是，想到这样会对徐志摩的妻子张幼仪造成极大的伤害，违背人伦道德，林徽因最终选择了拒绝，跟着父亲回到中国。

后来，徐志摩向张幼仪提出离婚，张幼仪同意了。此时，林徽因已跟梁思成有了婚约。一听说这件事情，徐志摩学业也不顾了，匆匆回国。

即便当时梁启超一直在劝阻徐志摩，可他什么都听不进去，仍然一心追求林徽因。

但在林徽因看来，徐志摩和她之间，不会有任何可能了。彼此仍是好友，但不会成为情侣。

1924年，发生了一件具有重要意义的事情：泰戈尔来华访问。

泰戈尔是亚洲第一个获得诺贝尔奖项的文学家，他深爱中国文化，所以欣然接受了邀请，来到中国访问。

当这样一位既有东方的灵魂，又能从容进出西方文明的印度诗人走进中国国土，给当时正处于变革之中的中国带来一场不小的文化震动，很多学者都不愿错过见到泰戈尔的机会。

泰戈尔来华访问一事，名义上由梁启超主办的讲学社牵头，实际上是徐志摩暗中委托老师梁启超邀请的泰戈尔。所以泰戈尔访华的具体事宜，便由徐志摩所在的新月社承办。

当时，新月社的成员徐志摩、林徽因、胡适等人，都参与了接待泰戈尔的工作。

作为新月社的一员，陆小曼自然也参与了此次活动。

1924年5月8日，新月社为泰戈尔策划了一场活动，通过表演节目的形式把泰戈尔的戏剧排演出来。

当天，在北京协和医院大礼堂的门口，陆小曼负责宣传、发放演出说明书。

有位当事人回忆："在礼堂的外部，陆小曼是最忙的，进来一位，她就递上一册说明书，同时收回一元大洋。看她手忙脚乱的情形，看她那瘦弱的身躯、苗条的腰肢，眉目若画，梳着一丝不乱的时式头（彼时尚未剪发），斜插着一朵鲜红的花，美艳的体态，轻柔的喉咙，满面春风地招待来宾，那一种风雅宜人的样子，真无怪乎被称为第一美人。"难怪胡适形容陆小曼是北平城一道不得不看的风景。

一场精妙绝伦的表演开始了。舞台上的帷幕徐徐拉开，一位婀娜多姿的少女投影在舞台中央。在幕布上，挂着一轮弯弯的月亮，伴随着点点星光飘向无边的黑暗中。

渐渐地，灯光变得明亮了些，一位穿着印度古典服装、长发披肩的少女转过身来。这位穿着印度古典服装的少女，正是林徽因。

在舞台上，少女凝目痴望，似乎有说不尽的心事，嘴唇微启，却一言未发。她虔诚地看着弯月，眼睛里藏着无尽的光辉，手臂轻轻一挥，仿佛要把这世间万千景象都展示在观众面前。这一幕，正是对应《泰戈尔新月集》的意境。

随后，徐志摩和林徽因又一起出演了泰戈尔的戏剧《齐德拉》，林徽因扮演公主齐德拉，徐志摩扮演爱神。

舞台的布景非常美丽。丛林上空悬着一弯新月，月亮之下，齐德拉公主的姿态曼妙动人。她携一稚气可爱的幼童，一同仰望左上方皎洁的明月。聚光灯下，美妙的剪影甚是夺目。观众眼前一亮，顿时掌声四起。林、徐二人真实再现了爱神和齐德拉之间的爱恨纠葛。

此时,坐在台下的陆小曼已经被舞台上的表演震撼得说不出话。她默默地观赏着,并且由衷地为他们精彩的表演鼓掌。

谁又能想到,往后的岁月里,一代名媛陆小曼与天才诗人徐志摩之间的故事,丝毫不逊于此时舞台上演绎的《齐德拉》。

而徐志摩与林徽因之间的交集,也在泰戈尔此次来华访问后告终。

泰戈尔于1924年4月12日到达上海,5月20日离开。在这一个多月的时间里,由徐志摩和林徽因担任翻译,并且打理各项事宜。

在此次接待过程中,徐志摩将他追求林徽因的事告诉了泰戈尔。泰戈尔听后,为之动容,决定充当月老的角色,撮合他们。

可惜的是,落花有意,流水无情,林徽因态度坚决,徐志摩的追求最后以失败告终。

在泰戈尔离开中国前,林徽因特地找到徐志摩,把自己内心的想法和盘托出。

林徽因告诉他,自己马上要和梁思成一起去美国留学,徐志摩同她之间的关系只能是朋友、兄妹,不可能成为恋人,希望徐志摩可以放下一切。

听到这样的话,徐志摩悲伤欲绝。当初的一见倾心,这么多年的追求和思念,都不得不画上一个句号,他心如刀绞。

1924年5月20日,在陪泰戈尔离开北京之前,徐志摩给林徽因写了一封信。在信中,他表达了自己的痛苦:"我真不知道我要说什么话……这两日我的头脑只是昏沉沉的……离别!怎么能叫人相信?我想着就要发疯,这么多的丝,谁能割得断?我的眼前又黑了。"

后来,徐志摩送泰戈尔抵达日本。在日本的那段时间,徐志摩写过一首缠绵悱恻的诗,叫《沙扬娜拉》。

> 最是那一低头的温柔,
> 像一朵水莲花不胜凉风的娇羞,
> 道一声珍重,
> 道一声珍重,
> 那一声珍重里有蜜甜的忧愁——沙扬娜拉!

"沙扬娜拉"是日语"再见"的谐音。或许,徐志摩也知道,自己应该和林徽因道别了。

这世间的爱情故事,有多少能写下一个美满结局?不过,别离之后,才有相遇;结束之后,才有新的开始。

❷ 一个模糊的界限

这个世界上,总会有一样东西,让你想为它停留。

徐志摩从日本回国后,和张歆海一起去了庐山避暑,也趁这个空闲,把泰戈尔在华访问期间的演讲稿整理出来。

直到暑期结束,徐志摩才回到北京。

泰戈尔访华一事,让徐志摩在国内收获了很多名声。世上没有两全事,在收获荣誉的同时,他却失恋了。但生活嘛,总是要往前看。

北平,装载着很多人的故事,也倾听过很多人的悲伤,它像一个看客一样,每天静静旁观着城里人们的生活。

就这样,故事慢慢发生了……

心灵受伤的徐志摩,遇上了婚姻失意的陆小曼。

陆小曼和徐志摩都是性情中人,他们能走进彼此的心里,好像不是一场意外。

在追求林徽因失败后，徐志摩痛苦过一段时间。不过还好，好朋友胡适、张歆海经常来看他，陪他吃饭、聊天，谈人生，谈理想，谈文学，谈诗歌……在好友的陪伴下，徐志摩渐渐地从悲伤里走出来了。

后来，工作日益忙碌，他除了开始主笔《现代诗评》，还要去完成一些教学工作。

此时，陆小曼常来新月社，他们会一起排练戏剧。

有一次，徐志摩做导演，同陆小曼一起编排剧目《春香闹学》。在剧中，两个人的合作可谓天衣无缝、默契十足。

在现实中，两个人性情相投，可谓相见恨晚。

本来，徐志摩和陆小曼就是一个圈子里的人。当时新月社活动很多，徐志摩、胡适、王赓夫妇等人经常一起聚会。

对于陆小曼来说，王赓是个无趣的人，而徐志摩同她有相同的爱好，性情温和，两个人非常谈得来。

对于徐志摩来说，遇到陆小曼后，他被她的气质和才情所折服，满腔的诗情都被引了出来，如滔滔江水连绵不绝。之后，为了见到陆小曼，徐志摩经常拉着胡适以各种借口约陆小曼出来，不是说去戏院看戏，就说要一同出席某舞会。

那个时候，王赓工作很忙，也不会去揣摩二人之间微妙的关系。他根本没想到，自己的婚姻危机已经来临。

王赓还特地找到自己的同门师兄徐志摩，把陆小曼托付给他，让徐志摩好好照顾自己的妻子。王赓认为，陆小曼不喜欢自己没有情调，徐志摩是天才诗人，想必可以把陆小曼精神层面的寂寞和空虚问题解决了。

王赓怎么也没有想到，自己会因此失去陆小曼。他更没有想到，自己的妻子会爱上自己的好朋友。

陆小曼有个侄孙，曾说过这个问题："王赓，他这个人就是太善良，把所有人都想得和他一样。"

王赓是一个军人，而且是一个拥有极强事业心的军人。他只希望给妻子多一点照顾，希望妻子可以过得开心一点。

当时，王赓经常鼓励他们一起出去玩耍，让陆小曼过得开心一点。于是，陆小曼和徐志摩一起去爬长城，去逛街，去喝茶，去西山看红叶，玩得不亦乐乎。

也许最开始，他们只是朋友之间的正常接触，是知己，是同道中人。然而时间一长，感情就变了，徐志摩无可救药地迷上了陆小曼。

陆小曼喜欢打牌，徐志摩就跟她一块儿打牌；陆小曼喜欢听戏，两个人就会一起去听戏。最重要的一点是，陆小曼是一个古文底子很好的才女，而徐志摩才华横溢，两个人在一起还可以填词作诗。久而久之，陆小曼对徐志摩也暗生情愫。

爱情的火苗，在两个人的心里燃烧着。此时，陆小曼仿佛已经忘记，自己是一个有夫之妇。丈夫王赓出任哈尔滨警察厅厅长,负责中东铁路的警卫工作。陆小曼因不习惯东北寒冷的天气,就回了北平的娘家。而陆小曼回北平,可能还有一个原因,那就是想念徐志摩。

陆小曼,本身就是一个浪漫的女子,面对多情诗人,她怎么会不动心?

而陆小曼多才多艺,幽默俏皮,相貌美丽……这样一个完美女人,自然会吸引徐志摩。

纵观历史,艺术家、诗人的情感,要比一般人浓烈很多。

一个人如果今生有幸,能够遇到一个耐心聆听你的人,那么你就不会孤独;如果终其一生,都没有遇到一个知己,那么这一生或许都是孤独的。

在原本无趣的生活里,陆小曼没有任何的生机,但徐志摩的出现,为她带来了全新的生活。

只是在冷静下来之后,她也惴惴不安。她心慌了,也怯懦了,毕竟自己是有夫之妇,怎么可以对别的男人动心呢?如果被自己的父母知道,如果被自己的丈夫知道,如果被外面的人知道……她不敢想,自己会背负什么样的骂名。

以前看小说的时候,看到"婚外情"这样的桥段,她都觉得那些故事是杜撰的,那些感受不是真实的,但此时她终于明白,那种欲罢不能的感受,那种令人快乐又痛苦的感受,都是人间真实。

陆小曼也曾把自己内心的感受说给王赓听，可是王赓不理解。他只是漫不经心地听着，并不觉得陆小曼的所思所想是什么大问题。

或许，在王赓看来，陆小曼就是喜欢使点小性子，不会有什么离经叛道的想法，或许等她再长大一点儿，就没有那么多小脾气了。

王赓没有想过，他们夫妻二人的性情，本来就有很大的差别。后来，他工作忙碌，两个人缺乏沟通，夫妻关系变得越发疏离。而夫妻之间的感情最害怕的就是彼此疏远。

陆小曼对自己这桩婚姻越发厌倦，不再有任何期待。她或许觉得，与一个不懂自己的人度过一生，是对时间的一种浪费。如果未来几十年如一日，他们都照这个样子过下去，实在有些可怕。

在陆小曼感到孤独苦闷，每日沉迷于社交场所时，她最亲近的丈夫王赓只是对她说："你要远离这些浮躁的生活。"

王赓不懂陆小曼内心的苦。此时的陆小曼，仿佛生活在牢笼中，任她怎样扑腾、挣扎，也无法打开束缚她的笼子。她觉得自己快要窒息了，痛苦得快要麻木了。

直到徐志摩出现，她才明白，原来这个世界上有和她一样的人，她不是孤独的。

有时候，徐志摩邀请王赓参加一些活动，可王赓总是对徐志摩说:"志摩,我很忙,不能去,叫小曼去吧!"

面对陆小曼提出类似的要求时,王赓也会说:"我没时间,让志摩陪你去吧!"王赓相信自己的朋友,也相信自己的妻子。

徐志摩和陆小曼会一起到大自然里行走,看漫山遍野开着的花,看生命力旺盛的野草,看天边的群山,他们陶醉其中。大自然的美让他们忘记了一切烦恼。他们用最真实的自己面对对方,分享彼此心里的感受。

他们一起去义演戏剧,分享成功的喜悦。

他们还会在一起喝酒聊天,把自己心中的苦闷和喜悦说出来。在这个过程中,他们发现彼此同病相怜,也发现对方就是自己的解药。

人生路上,知音是多么难得。两个人相遇、相知,并惺惺相惜,是一件非常难得的事情。

1925年的一个夜晚,凌叔华参加完新月社的聚会,在回家的路上,听别人议论起陆小曼和徐志摩相爱的事。

凌叔华感到非常吃惊,急忙帮自己的两位好友辟谣,说:"他们之间绝对不存在这种事情。"

但回家之后,凌叔华震惊的心久久无法平静下来。她急忙写信给胡适,询问这件事情的真假,还告知胡适,如果真有这样的事情,就尽快安排徐志摩出国,这种违背伦理道德的事情,千万不能发生在他们身上。

但此时陆小曼和徐志摩已经深深陷入爱河中，旁人的一两句话，怎么可能让他们放弃呢？

陆小曼在见到徐志摩本人之前，就拜读过他的诗，从诗里读到了诗人的真情和热情，深深地被打动了。

当第一次见到徐志摩的时候，陆小曼就觉得和他似曾相识。她在舞池跳舞的时候，总会不经意地看向徐志摩。此时的徐志摩，温文尔雅，手里拿着红酒杯，和一些社会名流谈笑风生，浑身散发着一种诗人的气质。

陆小曼整日不是听戏，就是沉迷于舞厅，对于这一点，王赓是非常不满意的。他希望陆小曼能做贤妻良母，在家安稳地做王太太。

可是，陆小曼自由惯了，受不得被别人约束，她要快乐地活着。

徐志摩和王赓师出同门，所以经常到王赓家走动。而王赓平日工作繁忙，都是让陆小曼招待徐志摩。于是，随着徐志摩来王赓家的次数越来越多，他和陆小曼也越来越熟悉。

对于陆小曼来说，在社交场上的欢乐，只是一时的痛快，与徐志摩在一起，才是整个灵魂的放松。从此，陆小曼开始渐渐远离戏园和舞池。

直到有一天，王赓发现，陆小曼出去玩的时间少了，心里特别感激徐志摩的引导。王赓知道徐志摩是一个非常有思想的人，希望在他的引导下，陆小曼可以远离腐朽的社交场，走上贤妻良母的路途。想到这里，王赓心里是开心的，十分支持二人在一起常常交流。那一刻，他以为所有的一切都会朝着好的方向发展。

徐志摩确实开导了陆小曼。不过，陆小曼离王赓越来越远了。待在王赓身边，陆小曼总有千般不适。徐志摩的出现，让陆小曼意识到，爱情不是小说里的剧情，是真实存在的东西。

徐志摩不重名利，重情义，且谈吐优雅，博古通今，文采一流。陆小曼和他在一起的时候，整个人都是轻松舒服的。两个人相处的时候，陆小曼就将心里的委屈、烦恼、问题全部告知给徐志摩，说到动情之处会泪流满面。陆小曼羡慕那些小说里的女人，虽然结局不一定完美，但是她们毕竟曾经为自己活过，轰轰烈烈地爱过。

徐志摩曾鼓励陆小曼："你是一个绝世的好女子，美丽大方，多才多艺。你应该拥有自己的爱情，自己的生活。我支持你，希望你能找到自己的幸福。而且我相信，你终有一天会美梦成真，自由地生活在天地间，将你的才华挥洒，为世人留下美丽的篇章。"

听到这些话语，陆小曼思索起自己的人生。是的，她还有很多的时间，一切都还来得及。

徐志摩对陆小曼说："自从看见你的第一眼，就知道你的与众不同，你的不可多得。我已经深深地爱上了你，你愿意成为我的女神吗?"

这段深情告白,让陆小曼顿时感动得落泪了。她没有想到,有一天自己也能拥有这样一份爱情。

徐志摩告诉陆小曼,为了他们之间的爱情,他可以放弃一切,甚至生命,就算最后落下夺人所爱的骂名,也绝不后悔。

对于陆小曼来说,徐志摩何尝不是她的太阳。一直以来,她都像活在黑暗的世界里,突然有一个人带来了光,让她重新找到了自己。徐志摩带给她的,不仅仅是爱,更是一种生活的希望。和王赓在一起时,陆小曼从来没有过这样的感受。

只是这一场爱情,一开始就注定充满坎坷,像一场战斗。

③ 无处安放的爱情

陆小曼是一个很有思想且多愁善感的女子。其实,她藏着一颗受伤的心,只是从来没有人真正地去深切体会她的喜怒哀乐以及她的脆弱。

就如陆小曼曾在日记中所写的一样:

> 其实我不羡富贵,也不慕荣华,我只要一个安乐的家庭,如心的伴侣。谁知连这一点要求都不能得到,只落得终日里孤单的,有话都没有人能讲,每天只是强自欢笑着在人群里混。

是的,她只是一个普通女人,也不过就期待遇到一位如意伴侣,过简单幸福的生活。陆小曼生在富裕之家,没见识过人间疾苦。她从小就过着锦衣玉食的生活,衣来伸手,饭来张口,所以不懂得节俭。过奢侈的生活,并不是她的本意,只是一直以来习惯了。

而徐志摩曾因为受父母之命,不得不迎娶与自己没有共同语言的张幼仪。这不是他的本意,他是被迫的,尽管张幼仪是一个好妻子。

不管是孝敬公婆,还是相夫教子,张幼仪都是被夸赞的那一个。她贤良温顺,所做的每件事情,都让人无可挑剔。谁家若是娶了这么一个妻子,真可谓捡到宝了。无奈的是,徐志摩不喜欢她。

即便已成为夫妻,两个人也毫无感情可言。一个浪漫的诗人进入了没有爱情的婚姻,对于诗人来说,再没有比这更痛苦的事情了。所以,一旦遇上了爱情,徐志摩肯定奋不顾身,紧紧抓住机会。

陆小曼是一个美丽大方、多才多艺的女人,在徐志摩的心里,就如他在诗歌中描述的那样,正是自己苦苦寻找的人。

爱情一触即发。

在陆小曼看来,徐志摩是那么与众不同,他善解人意,懂得女人的心。

他理解她,欣赏她。爱情发生的刹那,一切如梦似幻,两个人看到的全是彼此的好。

爱到来的时候,没有人能够抵挡。

遇到知音，遇到知己，想来是每个人的愿望，谁在遇到的时候，不是迫不及待地向爱靠拢呢？

"借问人间愁寂意，伯牙弦绝已无声。高山流水琴三拜，明月清风酒一樽。钟期久已没，世上无知音。"这是世间太多人心中的呐喊。

世上太多的女人身不由己，每天乏味地生活着。想到这一点，陆小曼更加坚定了自己追求爱情的信心。

在世人看来，徐志摩和陆小曼的爱情，违背了伦理道德，不值得被祝福。

就算在陆小曼和徐志摩共同的朋友凌叔华看来，他们俩也是因为发疯了才做出这样的傻事情。这样的爱情，最好马上停止，如果继续发展下去，没人知道会变成什么样子。

在那个特殊年代，西方思潮刚刚涌入，尚未发育成熟。很多文人之间的关系，都非常微妙。这其中，就包括凌叔华和徐志摩。

凌叔华，小说家、画家，1922年就读于燕京大学，从读大学时开始在《现代评论》上发表自己的小说。

凌叔华出生在书香世家，家境优渥，她的气质很具有文艺气息。她长得很漂亮，尤其是那一双清澈干净的大眼睛，让人心生怜爱。

徐志摩给凌叔华写过很多封信，信的内容涉及面很广，有开玩笑的，有说正事的，也有交换思想的，当然，还有表达喜爱之意的。如果陆小曼不曾出现在他们的世界里，他们俩或许会成为一对情侣。

当时，还有一个人在热烈地追求着凌叔华。这个人也是新月社的成员，叫陈西滢。凌叔华只是把徐志摩当成自己的好朋友，选择的是追求自己的陈西滢。

在徐志摩写给凌叔华的信中，徐志摩曾这样说："我一辈子只是想找一个理想的'通信员'……最满意最理想的出路是有一个真能体会，真能容忍，而且真能融化的朋友。"

毋庸置疑，凌叔华就是这个通信员。

有一段时间，凌叔华成了徐志摩与陆小曼之间的通信员。但随着陆小曼和徐志摩之间的交往，所有的现实问题接踵而至。

在一层层阻拦中，如何才能突出重围，这是一个难题。但在当时的徐志摩看来，爱情是无比美好与重要的。

当时，徐志摩说过这样一段话："没有女人，哪有生活？没有生活，到哪里寻找诗、寻找美？我生来就爱美，美在哪里？在自然。自然中最美的是什么？是女人！女人是上帝最得意的作品。我不是神仙，对女人，我的爱慕有着情欲的成分，这个我承认，但更重要的是，那美丽女人的身上，寄托着我那'爱、自由、美'的理想。"

追求林徽因而未成的创伤，因为陆小曼的出现，徐志摩被治愈了很多。

可纸是包不住火的，陆小曼和徐志摩之间的事情，很快就被陆小曼的父母知道了。

得知这件事后，陆小曼的父母不得不出面阻止二人，因为如果王赓听到了风声，后果不堪设想。

而徐志摩与陆小曼的共同好友胡适，也觉得这件事情不太妥当，所以让徐志摩出国去避风头。

可是，徐志摩舍不得陆小曼，他想带着陆小曼私奔。但如果真的这样做，就会影响陆小曼的名誉，甚至会给她的家族带来影响。陆小曼怎么承受得了这一切？

最后，徐志摩打消了带陆小曼私奔的念头。

然而，他们的恋情很快就在北京和上海的文化圈里掀起了一场巨大的风波。

得知陆小曼与徐志摩的事情，王赓痛苦万分。起初，他找陆小曼谈心，劝她放弃这样的想法。王赓以为是陆小曼因一时的不理智才会做出这样的决定，所以告诉她不要头脑发热，逞一时之痛快，否则后患无穷。

可是，对于王赓的劝阻，陆小曼根本听不进去。哪怕是父母出来阻止，让她及时抽身退出，她也不听劝诫。此时的陆小曼，已经爱得太深，难以自拔。本身就倔强的人，越被阻拦，越会反抗。

看着陆小曼深陷其中，王赓很紧张，尤其是当他看到陆小曼一次次地病倒时，他真的很心疼。此时，面对妻子，王赓充满无力感，心痛万分，只希望陆小曼可以回到自己身边，其他的一切，他都不在乎了。王赓一直在等待，等陆小曼回心转意。

可是，此时的陆小曼只想永远和徐志摩在一起，成为他的妻子，和他厮守一辈子。

陆小曼给徐志摩回信：

> 摩，为你我还是拼命干一下的好，我要往前走，不管前面有几多的荆棘，我一定直着脖子走，非到力尽我决不回头的。因为你是真正的认识我，你不但认识我表面，你还认清了我的内心，我本来老是自恨为什么没有人认识我，为什么人家全拿我当一个只会玩只会穿的女子。……只有你，摩！第一个人从一切的假言假笑中看透我的真心，认识我的苦痛，叫我怎能不从此收起以往的假而真正的给你一片真呢！我自从认识了你，我就有改变生活的决心，为你我一定认真的做人了。

即便此时陆小曼拥有一颗追求自由爱情的心，也必然会受到世俗规则的阻拦。陆小曼准备好勇敢地抛开一切，任他人怎么诋毁，这场斗争究竟有多难，她都要坚持到底。在这件事情上，陆小曼真的是孤军奋战,就连最爱她的母亲都无法理解她。

以前,陆小曼遇到任何问题,母亲都是第一个站出来支持她的。在陆小曼心中,母亲就是最值得信任的人,也是最爱自己的人。这一次,陆小曼将自己内心深处的感受告诉了母亲。母亲落泪了,她心疼自己的孩子。

吴曼华是女人,她明白女儿心中的渴望,可她没有办法完全接受,觉得女人还是应该恪守妇道,做到"三从四德"。对一个女人来说,名声比一切都重要。所以她告诉陆小曼,这是一条不归路,不会有什么好结果,积极地劝陆小曼迷途知返,回归家庭,与王赓一起好好地生活。

这一次,母亲没有站在自己这边,陆小曼十分懊恼,觉得母亲太不通情理。就连自己的母亲都不能理解自己,还有谁会站在自己这边呢?此时,越是受到阻拦,陆小曼对徐志摩的情感就越热烈。

母亲吴曼华觉得,诗人都是善变的,把那些情情爱爱说得浪漫无比,让不经世事的年轻女子迷失了自己。徐志摩还要教唆自己的女儿离婚,吴曼华被气坏了。

在陆小曼将母亲的态度全部告知给徐志摩后,徐志摩怕陆小曼伤心,于是给她的母亲写了一封信。他在信中表明了自己的真心,希望长辈能给他和陆小曼一条追求爱情的生路,也给他们的爱情一点希望和祝福。

看到这封信后,陆小曼的母亲更加生气,觉得徐志摩竟敢公然写信给她,这完全是一种挑衅。

陆小曼也看了那封信,再看看发怒的母亲,给徐志摩写了回信:

你为我太苦了,摩!你以为你婉转劝道一定能打动她的心,多少给我们一条路走,哪知道你明珠似的话好似跌入了没底的深海,一点光辉都不让你发,你可怜的求告又何尝打得动她滑石一般硬的心呢!一切不是都白费了么?到这种情况之下你叫我不想死还去想什么呢!不死也要疯了,我再不能挣扎下去了。

徐志摩看到陆小曼写的回信后,流泪了。但他还是强忍着悲伤,告诉陆小曼现在不是绝望的时候,一切还没有结束,他会尽全力去争取,绝对不会让陆小曼痛苦下去。

徐志摩愤恨不已,觉得世俗的声音太过嘈杂。此时,他刚好收到了著名诗人泰戈尔的助手恩厚之寄来的信。

恩厚之在信中说:"志摩,先生身体近来欠佳,十分挂念您。希望您能前来欧洲,与先生一聚。殷切盼望您的回信,请电函。"

这可是一件天大的好事情。泰戈尔本就是徐志摩的偶像,如今偶像病重，还依然牵挂着他，让他特别感动。

收到这封信后，除了感动，徐志摩还欣喜万分。他不仅能得到偶像的垂青，还能和泰戈尔先生朝夕相处，这是多大的荣耀啊！

但片刻之后，他又纠结和着急起来。

当下，他和陆小曼的恋情正遭遇着前所未有的困难，这个时候，他们应该在一起渡过难关。此时，他若扔下陆小曼一个人独自面对困难，自己离开了，又算什么呢？

究竟该留下还是离开，徐志摩一时之间拿不定主意，便去找胡适求解。胡适告诉他，反正他还年轻，应该多出去走走，能够和大文学家、大艺术家接触，是非常难得的机会，不仅能让他再增加一些灵感，还能让他的精神和知识境界得到提升。

听了胡适的一番话，徐志摩觉得很有道理。不过，他还是无法舍弃陆小曼，想到二人就要这样分别，心里总是涌起一阵又一阵的悲痛。

最后，左右为难的徐志摩，把自己心里的想法都告诉了陆小曼。

面对纠结的徐志摩，陆小曼的内心也充满了痛苦。此时，她自然不愿意和心爱的人分开，如果徐志摩就这样离开了，再想同他相见，恐怕遥遥无期。不过，陆小曼最后还是支持徐志摩去欧洲。

面对陆小曼的深明大义，徐志摩感动万分。

一个月以后，徐志摩离开北京去了欧洲。

在离开之前，徐志摩把一个皮箱交给了自己的好友凌叔华。他一半认真一半开玩笑地对凌叔华说："如果我在国外发生了什么意外，你就把里面的日记和文稿取出来，作为写传记和小说的材料。"他说完不由得笑了起来。

凌叔华有些担心。

在徐志摩去欧洲的前一晚，新月社的成员都来为徐志摩饯行。当然，陆小曼也来了。

那个晚上，陆小曼喝了很多酒，酩酊大醉。

举杯消愁愁更愁，酒一杯杯地滑向喉咙，却没有化解陆小曼心中的忧愁。

看着陆小曼如此悲伤难过，徐志摩非常心疼。当天晚上，徐志摩失眠了，半夜起来，给陆小曼写了封信。在信里，他说：

我的肝肠寸寸地断了，我现在不愿别的，只愿伴着你一同吃苦。你不是已经答应做我永久的同伴了吗？我再不能放松你，我的心肝，你是我的，你是我这一辈子唯一的成就，你是我的命，我的诗；你完全是我的，一个个细胞都是我的。你要说半个不字，叫天雷打死我完事。

对于陆小曼和徐志摩来说，这一次的别离，几乎要了他们各自半条命。尤其是在北京火车站送别的时候，看着乘载着徐志摩的火车徐徐向前，陆小曼的心都要碎了。

火车向前缓缓而行的时候，去送行的朋友都挥手跟徐志摩道别。徐志摩从车窗里探出头来跟大家挥手告别，做了一个亲吻的姿势。

此时，王赓也在一旁，陆小曼不敢点头回应，只能默默地看着徐志摩渐渐消失的身影。火车的汽笛声，慢慢变得小了，陆小曼还呆呆地站在原地。此时，她还不能把自己痛苦的情绪表达出来，因为不想让王赓察觉出异样。

陆小曼在自己的日记里这样记录那一天：

"昨天摩出国，我本不想去车站送他，可是又不能不去，在人群中又不能流露出十分难受的样子，还只是笑嘻嘻地谈话，恍惚满不在意似的。

"在许多人的目光之下，又不能容我们单独地讲几句话。这时候我又感觉到假的可恶，为什么要顾虑这许多？为什么不能要说什么就说什么呢？我几次想离开众人，过去说几句真话，可是说来也惭愧，平时的决心和勇气不知都往哪里跑了，只会泪汪汪地看着他，连话都说不出口来。

"自己急得骂我自己，再不过去说话，车可要开了；那时我却盼望他能过来带我走出众人眼光之下，说几句最后的话，谁知他也是一样的没有勇气。

"一双泪汪汪的眼睛只对着我发怔,我明知道他要安慰我,要我知道他为什么才弃我远去,他有许多许多的真话、真的意思,都让社会的假给碰回去了,便只好看大家用假话来敷衍。

"那时他还走过来握我的手,我也只能苦笑着对他说'一路顺风'。我低头不敢向他看,也不敢向别人看,一直到车开,我还看见他站在车头上向我们送手吻(我知道一定是给我一个人的)……"

在回家的路上,陆小曼眼眶红红的,一双眼睛毫无生气。

回到家里后,陆小曼十分难过,送走了自己的爱人,也不知什么时候才能再见,心里空落落的。她翻出徐志摩写给自己的信和日记,看着那些熟悉的话语,想起那些过往,文字在信纸上翻腾,过往的一切瞬间变得清晰起来,熟悉的字迹映入眼帘:

龙龙:

我的肝肠寸寸地断了,今晚再不好好地给你(写)一封信,再不把我的心给你看,我就不配爱你,就不配(接)受你的爱。我的小龙呀,这实在是太难受了,我现在不愿别的,只愿我伴着你一同吃苦——你方才心头一阵阵地绞痛,我在旁边只是咬紧牙关闭着眼替你熬着。龙呀,让你血液里的讨命鬼来找着我吧,叫我眼看你这样生生的受罪,我什意念都变了灰了！你吃现鲜鲜的苦是真的，叫我怨谁去？

方才你接连了叫着："我不是醉，只是难受，只是心里苦。"你那话一出，像是钢铁锥子刺着我的心：愤，慨，恨，急的各种情绪就像潮水似地涌上了心头。那时我就觉得什么都不怕，勇气像天一般的高，只要你一句话出口，什么事我都干！为你我抛弃了一切，只是本分；为你，我，还顾得什么性命与名誉？——真的假如你方才说出了一半句着边际着颜色的话，此刻你我的命运早已变定了方向都难说哩！

我在十几个钟头内就要走了，丢开你走了，你怨我忍心不是？我也自认我这回不得不硬一硬心肠，你也明白我这回去是我精神的与知识的"散拿吐瑾"，我受益就是你受益，我此去得加倍地用心，你在这时期内也得加倍地奋斗。我信你的勇气，这回就是你试验，实证你勇气的机会。我人虽走，我的心不离开你；要知道在我与你的中间有的是无形的精神线，彼此的悲欢喜怒此后是相通的，你信不信？（身无彩凤双飞翼，心有灵犀一点通）我再也不必嘱咐，你已经有了努力方向，我预知你一定成功。你这回冲锋上去，死了也是成功，有我在这里，阿龙，放大胆子上前去吧！彼此不要辜负了，再会！

摩　3月10日早3时

虽然夜已深，陆小曼却难以入眠。恋人远走，世俗的压力，都需要她独自去对抗。

王赓忍不住问道："你眼睛怎么这么红？有什么好哭的。"也许，此时王赓是知道问题的答案的，但他选择了装傻，因为这样他才不会失去陆小曼。

徐志摩离开后的第一天，陆小曼和她的母亲去了广济寺。佛家之地，多么清静，可是，这也不能安慰陆小曼那颗失落的心。

陆小曼在寺庙里待了很久，坐在台阶上不自觉地出神了。此时，她的心在徐志摩身上。

为什么人生会这样痛苦？为什么会爱而不得？她和徐志摩之间，是不是再也不会见面了？

陆小曼第一次感受到爱情的美好，这场爱情却要在现实中夭折了。

对于陆小曼来说，徐志摩是好友，是知己，是爱人，没有了他，自己的爱便无处安放，往后生命中的苦痛，要去找谁来倾诉？这一切，真实且悲伤。

从寺庙回来之后，陆小曼也想好好生活，可是，她的心里总是惦记着徐志摩。

夜里，她总是梦到徐志摩，梦到在火车站告别那天，她追着徐志摩乘坐的火车，追了好远好远……

徐志摩走后，陆小曼想起之前徐志摩曾给她布置过一项任务：双方用写日记的形式把离别后的感受写下来，让积郁在心里的痛苦和思念得到释放。

正是在那段时间里，陆小曼用写日记的方式，记录了那一段过往，将往事珍藏。这才有了后来的《小曼日记》和《爱眉小札》。

一年后（1925年），王赓离开东北，转入孙传芳的直系军队，曾先后担任五省联军总部参谋长、敌前炮兵司令、铁甲车司令等，直到后来孙传芳战败。

关于丈夫的一切，陆小曼都不关心。在她看来，两人的婚姻已经没有前路可走。面对这段名存实亡的婚姻，她只是无能为力，无法挣脱。

徐志摩的离开，并没有让陆小曼忘记他，而是都刻在了她的心底。

有人说，最好的爱情，时间、机缘、对象、地点，四个要素缺一不可。陆小曼和徐志摩之间，就差了时间和机缘。如果他们相遇得早一点，或许，他们的婚姻也能成为一段佳话。

这一段不被世人祝福的爱情，最后会何去何从？时间会给出所有的答案。

❹ 人生中的裂缝和遗憾

一辈子那么长,人生不可能处处圆满。

1925年,陆小曼在日记里记录了她去寺庙路上的所见所闻。

她说,他们一行十几个人分别坐在轿子里,像一条蛇在崎岖的山路上蜿蜒地向上爬。

当时的山路很陡、很滑,轿子不停地左右摇摆,人也不停地随轿身晃来晃去,很像在大海里航行。她用两只手紧紧地抓住轿杠,连大气都不敢出。行至半山腰,她看见漫山遍野的杏花,白茫茫的一片,误以为是下雪了。

当时,轿夫们笑她说:"真是城里的姑娘不出门,连杏花儿都不认识。"

到一块平地时,她们下轿,徒步沿小径向广济寺慢慢前行。微风拂面,送来扑鼻的芬芳,陆小曼形容为"别有一种说不出的甜味儿"。

大自然的美好，让她陶醉，所有悲愁的心绪都不见了。已经很久没有过这样的愉悦和舒爽心情了，她感慨说："这样的所在简直不配我们这样的浊物来。"

陆小曼所说的"浊物"，是指的她凌乱的生活。在她的日常生活中，看戏、打牌、喝酒、跳舞……比起此时在大自然中的释然，她的生活就像身处地狱。

生命本来如此美好，自己却一点儿都不自由，想到这里，陆小曼开始思索，自己想要的生活究竟是什么样子的。

有时候，陆小曼会想，如果她和徐志摩归隐山林该有多好，一起住在宁静的山里，看日出日落，每一天都过得很缓慢，什么都不必着急。他们不必在意世俗的眼光，只管追随自己内心的方向。空闲的时候，他们可以吟诗作对，漫山遍野地奔跑……

昨天家里在广济寺做佛事，全家都去的，我当然是不能少的了，可是这几天我心里正在说不出地难过，还要我去应酬那些亲友们，叫我怎能忍受？没有法子，得一个机会我一个人躲到后边大院里去清静一下。走进大院看见一片如白画的月光，照得栏杆、花、木、石桌，样样清清楚楚，静悄悄的，一个人都没有，可爱极了。那一片的静，真使人能忘却了一切的一切，我那时也不觉得怕了，一个人走过石桥在栏杆上坐着，耳边一阵阵送过别院的经声、钟声、禅声，那一种音调真凄凉极了。我到那个时光，几天要流不敢流的眼泪便像潮水般地涌了出来。我哭了半天也不知是哭的什么，心里也如同一把乱麻，无从说起。

《小曼日记》

陆小曼幻想的生活，终归只是幻想，真实的生活注定会有这样或那样的烦恼。

后来，王赓想挽回同陆小曼的婚姻，便开始隔三岔五地回家，有时一回家就会住上十几天。

陆小曼和王赓之间，本来就没有多少感情，这样常常见面，矛盾反而增多了，有时候两人还会吵起来。

陆小曼的父母建议，让王赓带着陆小曼回上海。可是，陆小曼怎么都不愿意和王赓一起走，两人就这样又大吵了一架，陆小曼当场心脏病发，住进了医院。

见此情形，陆小曼的父母也很心疼女儿，他们知道女儿的身体一直不太好。可是，他们依然坚决反对陆小曼和徐志摩的事情，除了传统观念，还有伦理道德和陆家的脸面。优秀的王赓，是他们千挑万选的女婿，怎么能放弃呢？

尽管父母反复劝说，陆小曼依然选择放弃这段婚姻。此时，她和徐志摩一直通过书信交流，感情未减半分。

面对执迷不悟的女儿，陆小曼的母亲很生气，她说，正是外国的小说和徐志摩害了自己的女儿。倔强的陆小曼，用自己的方式和父母、王赓僵持着。

自徐志摩离开之后，陆小曼的生活就充满了孤寂、失落。

那徐志摩呢，他的生活又怎样了？

在游历欧洲途中，徐志摩除了吃饭和睡觉，就是给陆小曼和胡适、凌叔华等友人写信，介绍他的行程和所见所闻。

一路上，他也坚持在写他的《爱眉小札》。《爱眉小札》像陆小曼的日记一样，是没有发出的信件。这是他们二人的约定，以后再见面，两人彼此交换阅读，以回味当时的心情和感受，经历彼此错过的时光。

这是一件很浪漫的事情。

徐志摩此次游历欧洲，目的主要有三个：一是终止他和陆小曼引起的风波，如果二人分开了，舆论就不会再发展下去；二是以分离来考验他和陆小曼的感情，也许分开后就会明白，彼此并没有那么相爱；三是给陆小曼留一些空间和时间，让她想清楚后再做一个无悔的选择。

而且，徐志摩当时为了追求林徽因，急匆匆从英国赶回国内，在剑桥大学的学位都还没有拿到，他也想借这个机会把学位证书拿到。

再者，徐志摩的前妻张幼仪和三岁的儿子彼得还在德国，他对这个儿子是陌生的，趁这个机会想照顾照顾自己的儿子。

很遗憾的是,他的儿子彼得因病去世了。这件事情对徐志摩和张幼仪造成了很大的打击。前所未有的悲痛,出现在徐志摩的心里。失去孩子的他,内心充满愧疚、遗憾和后悔。

此时,他发现,过去那个没有主见的张幼仪,发生了巨大的变化。在失去孩子后,张幼仪好像突然活明白了,变得很独立、很自信,不再看人眼色委曲求全地生活。

面对坚强的张幼仪,徐志摩充满了敬意。他们偶尔会坐在一起探讨人生、文学,而当时的张幼仪,给了徐志摩很大的安慰。

同时,徐志摩又很担心陆小曼,不仅担心陆小曼的病情,还担心她承受不住来自父母和社会层面的压力。

在信里,徐志摩鼓励陆小曼,让她独立坚强,也告诉她,自己会等她恢复单身后再回来,与她在一起。

陆小曼却写信阐述自己快顶不住压力了,向他哭诉、撒娇。徐志摩在读过陆小曼的来信后,自然是心急如焚,恨不得马上回到她身边。

为谈一场恋爱而遭到那么多人反对,这太让陆小曼感到痛苦了。

陆小曼一直只想做真实的自己,从不在乎别人说什么,只是偶尔也会觉得对不起丈夫王赓。不管王赓和陆小曼之间的婚姻是否存在矛盾、幸福与否,毕竟她让这个年轻有为的男人承担了很多舆论压力。重重矛盾之下,陆小曼苦苦挣扎,生活得一点儿也不快乐。

此时，徐志摩在欧洲游历，日子过得慢腾腾，很多的思念和伤感、寂寞和无聊，全部都写成了书信，一封一封地寄给陆小曼。陆小曼几乎每天都能收到他的来信。

在信中，徐志摩诉说着自己的爱与思念，这带给了陆小曼好好活下去的力量，让她不再害怕孤独和痛苦。陆小曼期盼着在将来的某一天，能和徐志摩有个好结果。

每天看完徐志摩的信，陆小曼就会给他写回信。因为徐志摩在临走前曾经嘱咐她，要每天写信寄给他。他们彼此约定，即使不能及时寄出信，也要坚持写下去，日后可以看。

可两个人毕竟身处异地，很容易产生嫌隙。

一个平凡的日子，陆小曼在外面和朋友吃饭，却听到这样一个消息：徐志摩在法国，整日在舞厅里跳舞，并且还跟一个胖乎乎的法国女人同居了。

听到这样一个消息，陆小曼顿时傻了，如同五雷轰顶，将她的思绪炸到了千里之外。她自己这样形容当天的感受：好像一下子从十八层楼上跌了下来，完了，完了，一切都完了。

精神世界垮了下去，身体也撑不住了，陆小曼又一次病倒了。想到自己这么辛苦地与家人对抗，徐志摩却流连于舞会，还和一个法国女人在一起，陆小曼就气不打一处来。看来，徐志摩在信里写的甜言蜜语、生死相托都是假的。再想到自己，即便去饭店了，即便有人相邀跳舞，她也是拒绝的，这一切，都是为了徐志摩。

爱情路上，自然是考验重重。

陆小曼病愈后，依然对徐志摩在巴黎的这段绯闻耿耿于怀。

1925年7月11日，陆小曼在自己的日记里这样写道："这个礼拜里北京饭店去了三次了，一去就有人同我跳，我亦穿绸衣了，为什么我亦不乐乐？他同她跳得起劲的时候，难道有我在脑里吗？"日记中的"她"，指的就是那个法国女人。女人的嫉妒是一种疯狂的情绪，会令女人充满想象力。

白天，陆小曼会跟自己的朋友聚会聊天，可是夜幕降临后，她只能独自对抗孤独。这时候，她的大脑里都是徐志摩的身影、笑容和说过的话语。

陆小曼真希望徐志摩能尽快回来，好好跟她解释解释法国女人的事情，也缓解一下她相思的痛苦。

徐志摩那边，牵扯着陆小曼的心思；王赓这边，一直在催促陆小曼尽快南下。

那天，陆小曼还没起床，就接到父母的通知，说家里出大事情了，让她赶紧回去。一进家门，陆小曼就察觉出气氛不对，家里人都在，每个人的神情都有几分慌张。

母亲拿出一封信，是王赓写来的。王赓在信上写了非常决绝的话："如念夫妻之情，立刻南下团聚，倘若另有所属，绝不加以拦阻。"见此情形，陆家人自然是催促陆小曼赶紧南下。可是，陆小曼打起了"拖延仗"，她一边等着徐志摩回来，一边尽力拖延回上海的事情。

陆小曼的母亲自然看穿了女儿的心思，于是给女儿下了最后通牒：一个星期内，必须去上海，嫁鸡随鸡，嫁狗随狗，天经地义，容不得半点敷衍。

听到母亲这么说，陆小曼一气之下当场昏了过去，所幸没有什么大碍。但陆小曼已下定决心，不会去上海。哪怕最后是死，她也坚决不会回到王赓身边。

看着陆小曼如此坚持，陆家人实在不理解。于是，陆小曼把自己和王赓之间的事情全部说了出来。

她向父母陈述：王赓如何粗暴地对待自己，又如何羞辱自己，两个人之间没有共同语言，日子又过得如何痛苦。

有一次，几个朋友来约陆小曼去跳舞，可王赓说什么都不让她去。耐不住朋友三番五次地邀约，陆小曼便决定前往，担心如果不去的话，说不定就会得罪朋友。但在她们出门的时候，刚好遇见开车路过的王赓。当着陆小曼朋友的面，王赓大声呵斥陆小曼不守诺言。这件事情，让陆小曼在朋友们面前颜面扫地，无比尴尬。

尽管听陆小曼讲了这些事情，父母依然非常坚定，要求陆小曼前往上海。

那时候,离婚是一件羞耻的事情。这种羞耻,会影响整个家族。整个陆氏家族的亲戚朋友都会因为陆小曼离婚的事情感到脸上无光,这让他们今后如何面对世人的眼光?

但陆小曼实在不愿意妥协,她对父母说道:"如果非要相逼,我现在就死,反正去了也是一死!"

但陆小曼的父母也不是没见过世面的人,他们毅然决然地回应:"好的,要死大家一同死!"

听到父母这么说,陆小曼觉得很难过,怎么双亲就要把自己往火坑里推呢?

看着女儿难过的样子,陆母心软了,这是他们唯一的孩子,自己不心疼她,又能去心疼谁呢?

陆母对陆小曼说:"我送你去上海。如果他还是对你不好,就由我出面和他谈离婚。不过,你要再给王赓一次机会。"

即便陆母的态度已不如之前刚硬,陆小曼也不妥协,还是不愿意去上海。

看着女儿这样执着,陆小曼的父母都快要给她跪下了,一是对女儿的任性和不懂事感到难过,二是他们实在不懂,女儿到底受了多少委屈,才这般不松口。

看着年迈的父母在自己面前这样难过,陆小曼最终妥协了。

现实和世俗终究削弱了陆小曼反抗的力量。

陆小曼比谁都清楚,在别人眼中,此时自己就是一个背叛丈夫的坏女人，所有人都在用幸灾乐祸的态度看戏。还好，陆小曼是个活得洒脱的人，她不在乎毫不相干的人对她的评判。可是，王赓不是这样的人，他无法忍受这一切。

王赓想让陆小曼跟他一起去上海，在遭到陆小曼的拒绝后，他认真且严厉地告诉她："你没有不去的理由。"这句话，带着些许命令的意味。陆小曼对这种命令的语气很反感，便和王赓吵了起来。

经过这一吵，陆小曼又晕了过去。

到了医院之后，医生告知王赓，陆小曼病情严重，再这样下去，恐怕命都保不住了。他都被这个情况吓到了。为了陆小曼，大家都暂时不再提去上海的事情。

可是，因为工作的关系，王赓第二天就去了上海。这让陆小曼感觉非常寒心。她觉得，王赓丝毫不关心她，妻子已经病成这样了，丈夫居然不在身边守护着。

本来夫妻二人的关系就疏远，再发生这样的事情，难免让陆小曼心生绝望。陆小曼在冷静下来之后，终于明白，她和王赓之间的距离，不是轻易能拉近的。如今所发生的一切，倒像是两个人的挣扎，彼此拉扯着，注定两败俱伤。

王赓没有想那么多，虽然妻子陆小曼生病了，但岳父岳母就能照顾，男人自然应以事业为重。

在这个时候，陆小曼更加思念徐志摩。可真实的心意，不敢轻易流露,这是女人的通病。

徐志摩在欧洲,得知陆小曼生病的消息,自然心急如焚,生怕她有个闪失。但此时,他也只是干着急,并不能实质性地为她做些什么。

徐志摩在信中写道:

> 我唯一的爱,你真得救我了!我这几天的日子也不知怎样过的,一半是痴子,一半是疯子,整天昏昏的,惘惘的,只想着我爱你,你知道吗?早上梦醒来,套上眼镜,衣服也不换就到楼下去看信,照例是失望,那就好比几百斤的石子压上了心去,一阵子悲痛,赶快回头躲进了被窝,抱住了枕头叫着我爱的名字,心头火热的浑身冰凉的,眼泪就冒了出来,这一天的希冀又没了。说不出的难受,恨不得睡着从此不醒,做梦倒可以自由些。眉呀,你好吗?为什么我这心惊肉跳的一息也忘不了你,总觉得有什么事不曾做妥当或是你那里有什么事似的。龙呀,我想死你了,你再不救我,谁来救我?

徐志摩身处异国他乡,对爱人的思念更加热烈。可是,这份真挚的感情,没有人能够明白。在那个时代,对一个女人来说,名声比一切都重要;对一个男人来说,感情根本无法和大好前程相提并论。

徐志摩在巴黎看了一出瓦格纳的音乐剧——《特里斯坦和伊索尔德》。在信里，徐志摩对陆小曼说："伟大极了，猖狂极了，真是'惊天动地'的概念，'惊天动地'的音乐。龙，下回你来，我一定伴你专看这戏，现在先寄给你本子，不长，你可以先看一遍。你看懂这戏的意义，你就懂得恋爱最高，最超脱，最神圣的境界。"

在那个年代，两个年轻人，抱着爱情至上的态度，去思考，去生活，这是大众无法接受的。

徐志摩告诉陆小曼："爱给了我们勇气，有勇气就会成功，要大抛弃才有大收成，有大牺牲的决心是向爱进军的唯一通道。我们有时候不能因循，不能躲懒，不能姑息，不能纵容'妇人之仁'。现在时候到了，眉呀，我如果往虎穴里走（为你），你能不跟着来吗？"

读了徐志摩写来的信，陆小曼在感动的同时，也努力坚持着。她遵从内心的指引，即便前路坎坷，也不轻易放弃。她回复徐志摩："摩，我一定会坚持下去，为了我们的将来。我不会让你一个人痛苦，让你在世俗之中徘徊。我陪着你，不论到什么地方，我都陪着你。就算是刀山火海，我也要陪着你一起走过。"

如同陆小曼所说："爱，这个字本来是我不认识的，我是模糊的,我不知道爱也不知道苦,现在爱也明白了,苦也尝够了;再回到模糊的路上去倒是不可能了,你叫我怎么办?"

古人说,自古情关最难过。什么都能克制,可是一旦心动了,这个人就没有退路了。

第四章

逆行·勾勒全新的故事

❶ 不愿辜负大好年华

在陆小曼生活的年代,女子的婚姻,都是父母包办的,她们没有婚姻自主的自由。

即便某个女人会在某个清晨突然醒悟:我为什么要这样过一辈子?我为什么不改变?但到最后,往往也会被现实击垮。

1925年7月,徐志摩从欧洲回到北平。

回到北平的徐志摩,成了陆小曼的精神支柱。徐志摩向陆小曼解释了他在巴黎时的误会,还得出结论:"幸福不是不可能的。"

当初,陆小曼误以为徐志摩在巴黎有了别的女人,便决定再也不写日记——记述二人分别后的心路历程。

误会解除之后,陆小曼才又接着写日记。徐志摩说:"这恋人的心境真是每分钟变样,绝对的不可测度。昨天那样的受罪,今儿又这般的上天……"

回北平后，徐志摩开始忙碌于新月社的各项事务。在这期间，陆小曼和徐志摩的接触多了起来，他们之间的感情因此得到巩固。

不过，相处久了，两个人之间的差异也显现了出来。一直以来，徐志摩就主张做物质上的穷人、精神上的富翁。在生活上，徐志摩很节约，他所厌弃的是精神世界的庸碌、平凡、琐碎；但陆小曼在这一点上与徐志摩刚好相反，她喜欢奢侈的生活，什么都讲排场，贪恋虚荣。

徐志摩希望陆小曼沉下心来，好好学习艺术，少去外面交际，但陆小曼不以为然。

1925年9月初，陆小曼跟着母亲一同回了上海。

徐志摩听说这件事情之后，也乘坐另一趟车去了上海。为了避免引发一些不必要的猜忌，陆小曼和徐志摩约定，无论两个人在哪里遇到，不要打招呼或者说话，都装作彼此不认识。

当然，最重要的是，他们不能让陆小曼的母亲知道这件事。徐志摩非常讨厌陆小曼的母亲，认为她丝毫不讲道理，并不真正为陆小曼着想。

抵达上海之后，徐志摩四处打听陆小曼和王赓的情况。后来，他实在忍不住了，就给王赓写了一封信，还亲自送到了王赓的家里。

王赓为人大度，虽然心里清楚陆小曼和徐志摩的事情，但依然应邀和徐志摩见面。

徐志摩与王赓是同门师兄弟,是挚友,如今却成了这样尴尬的关系,真是让人感慨不已。

一直以来,徐志摩都是一个与众不同的人,很多思想都是那个时代的人不曾拥有的。对待这段感情,徐志摩不曾觉得羞愧,因为在徐志摩的世界里,爱情和自由,爱与互相欣赏,是光明磊落的事情。

徐志摩和陆小曼找了一个人帮忙。这个人叫刘海粟,是中国现代画家、美术教育家,也是陆小曼的老师。

刘海粟住在北平的时候,胡适、徐志摩和张歆海曾去看望他。在胡适的推荐下,他们一起专程前去拜会陆小曼。

几句寒暄之后,胡适向刘海粟介绍陆小曼也会作画,刘海粟有几分吃惊。这么漂亮的一个女子,居然还能作画,看来不是一个徒有虚表的花瓶。

回忆起初次见到陆小曼的日子,刘海粟这样写道:

> 那时我在北京暂住,胡适之、徐志摩和张歆海(志摩前妻张幼仪的哥哥)先后来看我。
>
> 胡适之对我说:"海粟,你到北平来,应该见一个人,才不虚此行。"我问:"是哪一个?"
>
> 他严肃地答道:"北平有名的王太太。你到了北平,不

见王太太,等于没到过北平。""哦?有那么重要?我倒要见一见!"我在他们的怂恿下,决意去看一看。

当时我们都还是翩翩少年,脑子里罗曼蒂克的念头很多。我还特地剃了胡子,换了衣裳。适之虽是中式袍褂,但也很修饰。我跟着适之和歆海前去,雇了三辆黄包车,在一家朱红漆的墙门前停下,进了会客室。当底下人通报说"小姐就来"时,我纳闷儿:我们要见的是一位太太,就是还年轻,怎么叫"小姐"呢?

谁知站在我们面前的竟是一位美艳绝伦、光彩照人的少女,原来她就是蜚声北平社交界的陆小曼。

"刘先生,您请坐。"小曼听了胡适之的介绍,很殷勤地招待我,并且自荐提到她学过绘画,希望我能帮助她。

"是啊,你们还是同行呢!"胡适之笑道。

"哦,王太太应该会作画!"我说。

"什么应该会,我是初学,瞎抅!"她浅笑道。

"海粟,你怎么知道王太太会作画?"歆海问道。

我自觉好笑。因为我心里认为,像这样的女子,应该懂得一点丹青,心有所想,嘴里就说了出来。

"海粟,你应该收这位女弟子!"适之说。

"如果刘先生肯收,我就叩头了!"小曼银铃般的笑声,使我不安起来。

刘海粟这个人豪爽、仗义,也追求自由的恋爱,曾经有过抗婚、拒婚的经历。所以,徐志摩才找刘海粟帮忙。

起先,刘海粟去找陆小曼的父母。

刘海粟亲自去陆家,好声相劝,他对陆母说:"老伯母休怪我轻狂雌黄,我学的虽是艺术,但我也很讲实际。陆小曼心里也是苦,整日里跟你们二老闹的话,你们也得不到安宁啊!"

此时的陆母,内心也充满了无奈。

作为母亲,自然比谁都希望自己的女儿可以婚姻幸福,可是,这样对王赓太不公平了,作为一个接受过教育的人,她很难说服自己做出这样的事。

得知了陆母的顾虑,刘海粟便讲了许多因婚姻不自由而酿出的悲剧。

在经过一番劝说之后,陆小曼的父母终于松口,表示看见女儿哭得梨花带雨的样子,也很心疼,但他们更害怕和顾及的,是外界的评价和家族的颜面。

她说:"老实说,王赓对我们二老还算孝顺,对陆小曼也还算厚道,怎么开得了口要他和女儿离婚?"

刘海粟思考片刻,对陆母说道:"如果晓之以理,让王赓自己有离婚的念头,这样便不难为二老了。你看怎样?"

陆母摇头,回答:"这恐怕没那么容易吧?"

刘海粟回："那你等我来安排就好了。"

最后，经过一番商定，刘海粟决定亲自陪陆小曼及她的母亲去上海，他再找个合适的机会找王赓详谈。

为了办妥这件事，刘海粟费了不少心思，他设宴款待宾客，地址就定在上海的功德林饭店。毕竟，他要拆散王赓和陆小曼，又要撮合徐志摩和陆小曼，这种事情谈何容易！

此次饭局，就是有名的"功德林饭局"。饭局，重点不在饭，而是局——针对王赓的一个局。

当晚，除了陆小曼及其母亲，刘海粟还请了很多有名的人物，比如名媛唐瑛和她的哥哥唐腴庐、张君劢等。当然，主要的嘉宾是王赓。

没多会儿就上菜了，刘海粟只是招呼大家吃，各色山珍海味，应有尽有。宴席上，觥筹交错，倒显得平和。

殊不知，这种平和后却是一场婚姻暴风雨的前奏。徐志摩悄悄走到刘海粟身旁，用眼色示意刘海粟该说话了。刘海粟自然心领神会，只是此时他还不知该怎样开口。因为他知道，虽然陆小曼对王赓一直缺乏情意，但在这种场合，绝对不能让王赓有难堪的感觉，否则只会适得其反。他既要给徐志摩创造幸福的机会，又要顾及王赓的颜面。

过了一会儿，刘海粟慢慢起身，端起酒杯，说道："今天我做东，把大家请来，是纪念我的一件私事。当年我拒绝封建包办婚姻，从家里逃了出来，后来终于得到了幸福婚姻。来，大家先共饮一杯。"

看到刘海粟兜圈子，好友张歆海忍不住了，冲着刘海粟就问："海粟，你这个'艺术叛徒'到底请我们来干吗？你那葫芦里卖的是什么药啊？"

刘海粟笑了笑，举起酒杯说道："歆海兄，你先莫心急，先听我把话说完。"

说话前，他偷偷看了王赓一眼，却见王赓不露声色。

于是，他又说道："当下正处于一个社会变革的时期，新旧思想和观念正处于转换阶段，封建余孽正在逐渐地被驱除。封建思想在某些人的脑子里还存在，还冲不出来。我们都是年轻人，谁不追求幸福？谁不渴望幸福？谁愿意被封建观念束住手脚呢？所以我的婚姻观是：夫妻双方应该建立在人格平等、感情融洽、相互理解的基础上。妻子绝不是丈夫的点缀品，妻子应该是丈夫的知音，'三从四德'的时代已经过去了！"

刘海粟一边说话一边又举起了杯子："来，我们祝愿天下夫妻都拥有幸福美满的婚姻！干杯！"说这句话的时候，他又看了王赓一眼。

当所有人都为刘海粟充满激情的讲话所感染，纷纷站起来干杯时，只有王赓迟疑了一下，似乎思索到了什么。但他毕竟是从军校出来的，表面上一直表现得很平和，似乎心里知道该来的总是要来的。

为了引出主题，刘海粟当晚兜了很大一个圈子，开始谈人生与爱情，又过渡到婚姻和家庭，最后说到时代发展的趋势以及自由恋爱的必然性。

当时在座的人都屏息聆听，只有王赓越听越觉得不对劲，毕竟他也是一个受过高等教育的人。一瞬间，王赓猛然明白，今天的饭局，就是一场"鸿门宴"，是一个为他而设的局。

而此时的徐志摩是沉默的。平时谈吐风趣的他，那天一言不发，仿佛所有人都跟他没有关系。

这件事，对骄傲的徐志摩有很大的冲击。他很懊恼，竟然要用这样卑微的方式去得到自己爱的人。在这次饭局上，他很像在乞讨，只有等到王赓开口，他和陆小曼的未来才具备可能性。

而陆小曼呢，就像一个被审判的犯人，她在等一个结果。她的内心是担忧的，很害怕王赓会有什么过激的反应，弄出一个很难堪的局面。

陆小曼自然清楚刘海粟今天举办宴会的用意，她很沉得住气，表现得落落大方，优雅又略带腼腆地跟大家打招呼，坐下后只跟母亲讲了几句悄悄话。倒是徐志摩，总有几分心虚的样子，他不敢正面接触王赓的目光。

可是，王赓是非常聪明的。在察觉到刘海粟的用意之后，他举起自己的酒杯，向所有人说道："愿我们都为自己创造幸福，并且为别人幸福干杯。"一句话,用意深远。

随后,王赓表示自己有事,需要提前离开,同时也催促陆小曼早些带着陆母回去休息。

这是陆小曼、徐志摩和王赓三人之间的第一次交涉,没有什么明朗的结果,只是终于把问题挑明了。王赓没有退让,因为他是爱陆小曼的,不愿意放弃。

宴会之后,徐志摩跟陆小曼之间有过通信。陆小曼说,王赓是不会同意离婚的,他们要走到一起的方法只有一个,就是跑。

跑?他们又能跑去哪里呢?

徐志摩突然想到一个地方:天津。或许在那里,一切还有转机。

徐志摩想到这里,便打算给胡适写信。可是,他突然意识到一个问题:如果他们跑了,不就是一种妥协吗?

如果自己真的和陆小曼私奔了,那年迈的父母会怎么想?他们如何面对这个烂摊子?

想到这里,徐志摩选择了放弃。最终,他还是对现实和世俗妥协了。

有一天,徐志摩跟父亲去划船。知子莫若父,徐父看出了徐志摩的哀伤,便耐心宽慰和开导他。

徐志摩是一个感情细腻的人,见父亲已经如此年迈,自己又是家中独子,如今已是这般年纪,还做着年轻人的梦。父亲已经不能再为自己抵挡风雨了,接下来,要靠自己去守护父亲。人生的时光,会很快溜走,有些事情,一旦错过就追悔莫及。

想到这些,徐志摩便不再执着于那些风花雪月,陪着父母回了老家。

徐志摩当时写过一首旧体诗:

> 红蕉烂死紫薇病,秋雨横斜秋风紧。
> 山前山后乱泉鸣,有人独立怅空溟。

可见他此时的心绪是多么怅然。

到9月中旬,徐志摩给胡适写信,希望能够早一点回到北平工作。此时,徐志摩希望把所有精力投入到工作中去。而陆小曼还在上海,不知他们俩会走向一个什么样的结局。

❷ 怎样的爱才算值得

在功德林饭局之后,陆小曼和母亲仍然住在上海。

陆小曼的母亲没有离开,有两个原因:其一,是怕陆小曼和王赓之间爆发冲突,担心陆小曼受到伤害;其二,是为了近距离观察王赓。

之前,陆小曼说了很多王赓不好的话,陆小曼的母亲想留下来看看,陆小曼所说的是真还是假。如果王赓的情况真的像陆小曼说的那么糟糕,那么她便支持陆小曼离婚。

果不其然,有一天,陆小曼和王赓之间爆发了冲突。王赓当着陆小曼母亲的面,对陆小曼施以粗暴的言行,大肆侮辱。见到这一幕,陆小曼的母亲感到非常震惊,也极其愤怒,一气之下,便带着陆小曼回了北平。

回家之后,吴曼华就把发生的事情全部告诉给陆定。陆定听后,沉默了一会儿,随后说道:"怎么处理,就由你们自己定吧。"看来，陆定是把决定权交到陆小曼手中了。

就这样，陆小曼得到了父母的支持。

不久之后，陆小曼得到一个消息：王赓同意和她离婚了。

当时，王赓卷入了一场军火生意，被收监进行调查。幸运的是，后来卷款潜逃的白俄罗斯商人被抓到了，资金也全部被追回，王赓才幸免于一场牢狱之灾。

1925年底，李祖虞去监狱里找王赓谈判，让他在监狱里签下了离婚协议。这一切对当时的王赓来说，是一个非常大的打击。

不过，王赓的确大度，在办完离婚手续后，他曾说过这样一段话："小曼这种人才，与我真是齐大非偶的！"意思是，像陆小曼这样的人才，家世也有，才华也有，样样都完美，自己是高攀不上的。

王赓写信给陆小曼说：我祝福你和志摩以后得到幸福，手续我会在几天后办好。

陆小曼收到信后，高兴得眼泪都掉下来了。她顾不得其他，急切地去告诉了徐志摩。上海一别后，他们已经有几个月没联系了。回到北平后，陆小曼打听了很久，才找到徐志摩的住处。

9月底，徐志摩回到北平的时候，受朋友的委托，接办《晨报副刊》，同时还在北京大学任职。

一个男人，必须拥有事业，才拥有底气。

当时,徐志摩在《迎上前去》这篇文章中表达了自己的一些想法。他在文章里动情地写道:

> 我是一只没笼头的野马,我从来不曾站定过。我人是在这社会里活着,我却不是这社会里的一个,像是有离魂的病似的,我这躯壳的动静是一件事,我那梦魂的去处又是一件事。我是一个傻子,我曾经妄想在这流动的人生里发现一些不变的价值,在这打谎的世上寻出一些不磨灭的真,在我这灵魂的冒险是生命核心里的意义;我永远在无形的经验的缠岩上爬着……冒险、痛苦、失败、失望,是跟着来的,存心冒险的人就得打算他最后的打击,我的头是流着血,但我的脖子还是硬的;我不能让绝望的重量压住我的呼吸,不能让悲观的慢性病侵蚀我的精神,更不能让厌世的恶质染黑我的血液。厌世观与生命是不可并存的;我是一个生命的信徒,起初是的,今天还是的,将来我敢说也是的。我决不容忍性灵的颓唐,那是最不可救药的堕落,同时却继续躯壳的存在;在我,单这开口说话,提笔写字的事实,就表示后背有一个基本的信仰,完全的没破绽的信仰;否则我何必再做什么文章,办什么报刊?

这样一个时代的斗士、先行者,内心如同磐石般坚韧,他有高尚的追求，有自己的信仰，最重要的是，他带着一颗真心活在这个世界上。

得知陆小曼和王赓已经离婚，徐志摩激动万分。陆小曼没有辜负他们之间的爱情，他们等到了。

陆小曼和王赓离婚，在当时的上海，这可是头条新闻。在那个时代，离婚本来就是一件很新奇的事，更何况这般身份、地位的两个人。

陆小曼在与王赓离婚之后，发现自己已有两个月的身孕，这个孩子是王赓的。这件事情，她肯定不能告诉王赓，但也不能让徐志摩知道。

陆小曼有一个表姐，当时很想要一个孩子，去请求陆小曼的母亲，希望陆小曼把这个孩子生下来，交给她抚养。

陆母仔细思量了一番拒绝了。陆小曼现已离婚，今后如果想和徐志摩结婚，却带一个孩子，恐怕会后患无穷。

于是，陆小曼和母亲瞒着王赓、徐志摩，到德国人开的私人诊所去做了人工流产。

手术后回家休养的那段日子，往事在陆小曼的脑海里回放，这几年发生的事情，就如同一场梦一样，所有的痛苦、不安、迷茫，都沦为了尘埃，随风而逝。一切都结束了，陆小曼这样告诉自己。

现在，她拥有了自由，可以跟自己喜欢的人在一起，不会再有人管束、限制他们了。在这两个相爱的人看来，婚姻是爱情最好的归宿。结婚吧，两个人以后可以光明正大地在一起。

当然，他们要想结婚，还得经过家长的同意。陆小曼的母亲肯定不会反对，女儿已经离婚，她也觉得徐志摩很优秀，家世也很不错。不过，自己的女儿可不能受委屈，所以，陆小曼的母亲提出这样几个要求：一，要请梁启超做证婚人，以表明社会对他们的承认，这样他们二人以后在社会上才能立住脚；二，婚礼要在北海公园图书馆的礼堂举行。

这两个要求，难度非常高，看上去几乎不可能完成。

梁启超虽然是徐志摩的老师，可当时他非常反对离婚再结婚的事情，所以不愿出面做证婚人。

北海公园图书馆，本来是一个汇聚知识且非常圣洁的地方，做两个"二婚"的人举行婚礼之地，也有些难度。

徐志摩找到自己的好友胡适，求他一定要尽心帮助自己。为了徐志摩，胡适也的确豁得出去，尽心为他办了这些事。

二人同陆小曼的父母这边商量好了，还有徐志摩的父母那边需要沟通。徐志摩本来以为，父亲这么爱自己，不可能阻拦，却不承想，父亲极力反对这桩婚事。他反对的原因是，陆小曼在婚姻期间不守妇道，和徐志摩不清不楚，这样的女人和张幼仪没法相比。

在徐父看来，一个只会跳舞、看戏、打牌、喝酒的女人，娶回来做什么？不情愿接受陆小曼的他，提出了一个要求：如果徐志摩和陆小曼两个人想结婚，必须征得张幼仪的同意。

徐父一直认为，徐志摩和张幼仪的离婚是不算数的，他不承认二人的离婚。因为徐志摩和张幼仪在法国离婚的时候，根本没有得到父母的许可。

徐志摩便给张幼仪写信说明了情况。当时张幼仪还在德国，收到信后就赶回了北平，她先住在自家哥哥张歆海处，再回徐家。

张幼仪回到徐家后，先给徐父和徐母深深地鞠了一躬，才向着坐在沙发上的徐志摩点头示意。

徐父开口问道："你和志摩离婚这事，是真的吗？"

徐父当然有所耳闻，但是他必须亲耳听张幼仪说出来。

张幼仪回答："是的。"

徐父继续问道："那你反不反对他和陆小曼结婚？"

张幼仪摇了摇头，表示自己不反对。

徐父有几分失望，此时，他多希望张幼仪反对这桩婚事。

张幼仪知道，徐父大概把她当作说服徐志摩改变决定的最后希望。显而易见，徐父失败了。

听到张幼仪这么说，徐志摩开心地从椅子上跳起来尖叫。因为只要过了张幼仪这关，他和陆小曼的婚事就没有问题了。

除了征得张幼仪的同意，徐父还组织了一次家庭会议。这个会议决定：

1.徐父和其大伯各占徐氏家业的一半。

2.徐父的财产，再一分为三，两位老人一份，张幼仪和其儿子阿欢一份，徐志摩和陆小曼一份。

3.徐父收张幼仪为干女儿，如果张幼仪以后不嫁人，那她和儿子阿欢的财产，就由她管理；如果今后张幼仪嫁人，就从这份财产里给她置办一份嫁妆，具体数目由她自己决定，剩下的财产再留给儿子阿欢。

4.必须登报声明徐志摩与张幼仪离婚的事情。徐父这么做，是为了保护张幼仪和孙子阿欢，而且也能充分说明张幼仪和孙子阿欢财产的合理性。

一直以来，徐家二老对张幼仪都非常看重。并且，徐家都是张幼仪在主事，即便徐志摩和张幼仪离婚了，两位老人也充分信任张幼仪。

当然，对财产的分割，徐志摩不怎么在意，他在意的是父亲同不同意他和陆小曼的婚事。而徐父终于答应："那你自己回去订吧，但一切从简。"

得到这样一句回应，徐志摩开心得要命，立马打电话告诉了陆小曼。一切终于尘埃落定，陆小曼接到电话的那一刻也开心极了。

有情人终成眷属——这句话听上去多么美好，但他们的人生却注定充满波折。

③ 遥望你的方向

1926年，胡适去了美国，张歆海去了南京，凌叔华和陈西滢举行了订婚仪式，林徽因旅美还未归来……新月社人去楼空，再也没有当年的热闹了。

而陆小曼和徐志摩，终于迎来他们新的开始。

本来徐父并没有爽快地答应徐志摩结婚的请求，可是，经过和徐志摩的一次长谈，再加上胡适、刘海粟的劝说，他只好答应了下来。不管怎么说，徐志摩终究是他的儿子。而且，徐父特地给他们盖了一座宅子，供他们结婚后使用。

陆小曼和徐志摩开始规划自己的紧要大事：订婚、结婚。

徐志摩想邀请父母来北平参加婚礼，可是，他却收到父亲的这样一封电报：

余因尔母病不能来，幼仪事大旨已定。尔婚事如何办理，尔自主之，要款可汇。

这封电报的意思可以理解为，徐父不愿意参加这一场婚礼，而徐夫人也以自己生病为由推辞了。张幼仪也没有什么意见，剩下的事情就由徐志摩自己做主。如果徐志摩缺钱，可以跟他的父亲提出来。

同时，徐父也提了三个要求：一，婚后费用自理，家庭概不负担，这也是对陆小曼的制约，不想让她拿徐家的钱在北平铺张浪费；二，婚礼必须由胡适做介绍人，梁启超证婚，否则不予承认，这是为徐家的面子考虑；三，结婚后必须南归，安分守己地过日子，这才是最重要的条件，用来限制陆小曼的生活。

为了结婚，徐志摩全都答应了下来。

至于徐父不参加这场婚礼，在徐志摩的意料之中。在那个年代，离婚是一件有辱家门的事情，更何况，徐志摩和陆小曼还是离婚之后再结婚。

作为长辈，徐父爱护晚辈，可是，道德伦理规则也是他必须遵守且做到的。他同意后辈再婚，已经是自己做出的最大让步，怎么可能还来参加这一场婚礼呢？

对于父亲不来参加自己的婚礼，徐志摩当然是伤感的。毕竟，一直以来父子俩的关系都挺好的。

当年，徐志摩去英国留学，到后来游历欧洲，再到结交好友……徐父都全力支持。

徐志摩能有如此成就，跟徐父的支持是分不开的。如果不是徐父的支持，他没有那么足的底气，更不会活得那般超然。

但人生不可能处处完美，徐志摩自然明白这个道理。

当这场震惊北平城的婚礼开始筹备，自然少不了外界的关注。一个多情浪漫的诗人，一个背叛丈夫的交际花，他们之间的事情成了人们茶余饭后的谈资。

庆幸的是，陆小曼和徐志摩终于可以在一起了，其他的一切烦恼都可以抛在脑后，她只想好好地享受此刻的幸福。

1926年8月14日，是陆小曼和徐志摩订婚的日子，按农历算，那一天是七月七日，传说中牛郎织女相会的日子，是东方的情人节。

作家梁实秋这样记载当天的盛况：那一天，可并不平静，衣香钗影，士女如云，好像有百八十人的样子。

订婚的地点选在了北海董事会的画舫斋，画舫斋又叫水殿，坐落于北海东岸，是清代行宫建筑。"画舫斋"三个字是乾隆皇帝亲笔写的，慈禧太后非常喜欢这个地方。

此座建筑布局精巧，色彩古朴，雕刻精美，古色古香。八国联军的法国军队，就曾将司令部设在这里，到北洋政府时，此处被设为北海董事会。

虽然徐志摩和陆小曼是二婚，但是订婚仪式依然办得很隆重。在订婚仪式上,男女都要交换信物,以表示自己的心意。陆小曼和徐志摩交换的,是《爱眉小札》和《小曼日记》。

他们俩曾经约定过,把分别后的日子写下来,把过往的经历记下来。而这两本日记,也是他们历经磨难的见证。

订婚仪式结束后,接下来就要安排结婚的日期。

结婚的日子,是陆小曼的父母决定的:农历八月二十七日。再往下看,九月份不适合结婚,必须等到十月份了。时间怕是有点久,就定在了八月。此时,陆小曼的母亲是心慌的,只想着尽快把女儿嫁出去。

徐志摩非常忙碌,平时要去学校上课,只有星期天才有一点时间筹备婚事,抓紧一点也是好事。

他们终于等到了这一天。

1926年10月3日,农历八月二十七日,地点依然选在北海公园的画舫斋。

这一天,陆小曼和徐志摩举行了婚礼。

这场婚礼,是按照西式婚礼的模式布置的。考虑到徐志摩的父母都没有来,就把婚礼的中式规矩和礼数全部取消了。同时,崭新的形式,也预示着他们将迎接崭新的生活。

婚礼当天,陆小曼穿着白色的婚纱,光彩照人,戴的头饰,是她自己设计的。她把所有希望都融入了头饰的设计里,希望她与徐志摩能有一个美好的未来。徐志摩穿着深色的西装、白底的衬衣，再加上花领带，成为全场无人可比的焦点。

当时前来的宾客，大多是些文化名流和社会贤达，使这场婚礼显得格外清新脱俗。

闻一多等友人，在现场挥毫泼墨，给他们送上了结婚贺词。

当天，金岳霖是伴郎，按照规矩，他必须穿长袍马褂。可是金岳霖不想穿，他说："我本来就穿西服，但是非让我穿长袍马褂。"

在主持人的引导下，婚礼开始了。

婚礼是西式风格，开始由新郎和新娘交换一块汉玉，接着是梁启超为他们证婚。

徐、陆两家，都要求梁启超证婚，那一天，梁启超真的应邀前来了。

梁启超问徐志摩："志摩，你是自己愿意，并且得到父母之命，与陆小曼结婚的吗？"

徐志摩点头，回答："是。"

梁启超再问陆小曼："陆小曼，你是自己愿意，并且得到父母之命，与徐志摩结婚的吗？"

陆小曼也点头，回答："是。"

梁启超得到两人的回应后，说道："很好，我可以替你们做证婚人。"

其实，梁启超被邀请做陆小曼和徐志摩的证婚人时，有十二分的不愿意。王赓和徐志摩都是他的学生，在这一场婚姻里，王赓是最无辜的人。自己这样前来为徐、陆二人证婚，不就表明自己是支持徐、陆的吗？这让他以后如何去面对王赓呢？

而且，梁启超对陆小曼的成见很深，他看不上陆小曼这样的女子，认为她只知道吃喝玩乐、贪恋虚荣，这样的女子对这个社会是不会有什么贡献的。

另外，一直以来，梁启超就反对徐志摩和张幼仪离婚。张幼仪是一个朴实、有责任感的女人，在性情上，她与陆小曼刚好相反。他认为，徐志摩今后想在事业上有发展，就要和张幼仪这样的女子在一起，她更胜任妻子这个角色。

徐志摩的做法，在梁启超看来，是不仁不义，夺人之妻，居然还敢办婚礼。

想到这一切，梁启超有了情绪，在现场对徐志摩和陆小曼进行了这样一番训话："我来是为了讲几句不中听的话，好让社会上知道这样的恶例不足取法，更不值得鼓励。徐志摩，你这个人性情浮躁，以致学无所成，做学问不成，做人更是失败，你离婚再娶就是用情不专的证明！陆小曼，你和徐志摩都是过来人，我希望从今以后你能恪遵妇道，检讨自己的个性和行为。离婚再婚都是你们性格的过失所造成的，希望你们不要一错再错，自误误人。不要以自私自利作为行事的准则，不要以荒唐和享乐作为人生追求的目的，不要再把婚姻当作儿戏，以为高兴可以结婚，不高兴可以离婚，让父母汗颜，让朋友不齿，让社会看笑话！总之，我希望这是你们两个人这一辈子最后一次结婚！这就是我对你们的祝贺！——我说完了！"

这样一番话，让现场的人无不大惊失色。

徐志摩十分尴尬，但面对老师的训斥不得不面带微笑地回应。陆小曼表面上没有什么反应，或许把所有的想法都藏在了心里，但也有一种可能，那就是她根本就不在乎这一切。

回到家后，梁启超给儿子梁思成、儿媳林徽因写了一封信：

我昨天做了一件极不愿意做之事，去替徐志摩证婚。他的新妇是王受庆（王赓）夫人，与徐志摩爱上，才和受庆离婚，实在是不道德至极。我屡次告诫志摩而无效。胡适之、张彭春苦苦为他说情，到底以姑息志摩之故，卒徇其情。我在礼堂演说一篇训词，大大教训一番，新人及满堂宾客无一不失色，此恐是中外古今所未闻之婚礼矣。今把训词稿子寄给你们一看。青年为感情冲动，不能节制，任意决破礼防的罗网，其实乃自投苦恼的罗网，真是可痛，真是可怜！徐志摩这个人其实聪明，我爱他不过，此次看着他陷于灭顶，还想救他出来，我也有一番苦心。老朋友们对于他这番举动无不深恶痛绝。我想他若从此见摈于社会，固然自作自受，无可怨恨，但觉得这个人太可惜了，或者竟弄到自杀。我又看着他找得这样一个人做伴侣,怕他将来苦痛更无限,所以想对于那个人当头一棒,盼望他能有觉悟(但恐深难),免得将来把徐志摩累死,但恐不过是我极痴的婆心便了。闻张歆海近来也很堕落,日日只想做官(志摩却是很高洁)。此外还有许多招物议之处,我也不愿多讲了。品性上不曾经过严格的训练,真是可怕,我因昨日的感触,专写这一封信给思成、徽因、思忠们看看。

不得不说,梁启超真的是个思想境界很高的人。徐志摩与陆小曼婚姻的结局,后来都被他言中了。

❹ 飞跃沧海,为爱痴狂

1930年夏天,志趣相投的陆小曼和徐志摩一同争着看书。

两个人都是小说迷。

那个夏天,徐志摩因生病在家中休息,为了打发时间,特地向胡适借了一本木版的《醒世姻缘传》来看。自从开始阅读《醒世姻缘传》,他把自己生病的事情都忘了,不仅白天看,晚上也捧着看。

陆小曼见他明明生着病,还不要命地看书,就生气了,说道:"这大热天挨在床上逼着火,你命要不要,你再不放手我点火把它烧了,看你看得成!"

这时,徐志摩刚看到书中的主角在发怒,突然发现自己的太太也在发怒,不由得大笑起来。

徐志摩这一笑,让陆小曼更窝火了。她直接一把夺下徐志摩手中的书,扔在了床上。

徐志摩见陆小曼真生气了，连忙求她说："太太，我们讲理好不好，我翻一回读给你听，如果你听了不打哈哈，那我认输，听凭你拿走或是撕或是烧！"

说完，徐志摩就随手翻了一回，念给陆小曼听。

陆小曼看到丈夫为一本书表现出这等痴样，也顿时对其有了几分兴趣，就坐下来听徐志摩念。

刚开始听徐志摩念的时候，陆小曼还噘着嘴，一副生气的模样。等到徐志摩念了一页时，陆小曼的嘴巴情不自禁地张开了，哈哈笑了起来。忽然，陆小曼又收住了笑。徐志摩吓了一跳，以为她还在生气，哪想到她一伸手说道："你把第一册书拿给我看。"

就这样，一连几天，夫妇俩都在一起读书，眼睛也肿了，肚子也笑痛了。读完之后，两人还交流了心得。有时大清早或是半夜想起书里的妙文，两人也会忍不住大笑起来。

从古至今，这世上从来不缺多情的人。他们为爱痴狂，为爱沉迷。有的人出身名门，有的人才情斐然，有的人富甲一方，可是为了爱情，他们愿意失去自己的名誉、地位、金钱。徐志摩和陆小曼就是这样的人。

徐志摩曾给陆小曼写过这样一封信：

眉，我感谢上苍，因为你已经接受了我；这让我的灵性有了永久的寄托，我的生命有了最光荣的起点，我这一辈子再不能想望关于我自身更大的事情发现，我一天有你的爱，我的命就有根，我就是精神上的大富翁！

有志事竟成，没有错。奋勇上前吧，眉，你不用怕，有我整个儿在你旁边站着，谁要动你分毫？有我拼着性命保护你，你还怕什么？

爱，是一件很简单的事情。可是，婚姻是复杂的，需要调和八方关系，需要相互磨合与妥协。

当爱情的激情一点点褪去，留给徐志摩的，是疲惫。

他们二人曾爱得那么深，希望能白头偕老，即便当时徐志摩很清楚，陆小曼就是一个任性、骄纵的女子，可他依然爱她。

徐志摩知道，陆小曼很喜欢演戏，所以，在陆小曼登台表演的时候，他自己常扮上一个角色，只为了给爱妻配戏。

那一天，陆小曼表演京剧《女起解》，陆小曼扮苏三，而徐志摩则短褐跣足扮解差。有一次，陆小曼客串《三堂会审》，依然扮作苏三，徐志摩就扮演蓝袍陪审。但久而久之，徐志摩开始有了几分厌倦，甚至有些痛苦：

我想在冬至节独自到一个偏僻的教堂去听几折圣诞的和歌，我却穿上了臃肿的戏袍，登上台去客串不自在的腐戏。

我想在霜浓月淡的冬夜独自写几行从性灵暖处来的诗句,我却跟着人们到涂蜡的舞厅去艳羡仕女们发金光的鞋袜。

徐志摩还曾埋怨过,他希望和陆小曼单独出去吃一次饭,看一场电影,或者一起出去散个步,把生活过得甜蜜一点。可是,结婚之后,二人从来没有单独约会过,这不是徐志摩期待的幸福婚姻生活。

但对于陆小曼来说,她特别满足于此时的甜蜜生活。

夜里,陆小曼有时醒来会认真地打量眼前这个男人,看着他躺在自己身边安稳地熟睡,心里顿时会感觉很温暖。一个爱惜自己、懂自己的男人陪在自己身边,是她想要的最大的幸福。她再也不会有深夜时分的孤独,再也不会被冷落了。

婚礼后的几天,陆小曼和徐志摩一直忙着感谢曾经帮助过他们的人。尤其是胡适,他们二人能走到现在,得到的胡适给予的支持实在太多了。

谢过好友后,陆小曼便和徐志摩一起回硖石的小镇完婚并拜见公婆。

一路上,陆小曼被美丽的景致所吸引,不停地对徐志摩说着自己内心的感受。

从北平到上海以后,两个人住在一家非常普通的旅馆。可是,正是这样一个普通的地方,带给陆小曼的却是她从未体会过的安全感。

徐志摩先一个人回了硖石,看看新宅子的施工情况。此时的陆小曼,不是名媛、交际花,就是一个普通的妇人,等待着丈夫的归来。

看完新宅子的施工情况后,徐志摩马上回到了上海。他非常思念陆小曼,迫不及待地想要回到她身边。

因新宅子还需要一段时间才能完工,徐志摩便和陆小曼去了好友吴德生家暂住。住了一段时间后,两人才前往老家硖石看望徐志摩的父母。

徐志摩带陆小曼回硖石,有四个想法:一是为了带着新婚妻子履行拜见父母的仪式;二是尽儿子的孝道,多陪伴父母;三是为了讨父亲的欢心,感谢父亲之前的理解;四是他想清静地过一段田园生活,在平静中寻求安宁,写些诗。

陆小曼理解并支持徐志摩的想法,过简单、安宁、幸福的日子,也是她喜欢的生活方式。她知道,徐志摩是一个孝顺父母的人。徐志摩告诉陆小曼,百善孝为先,他们的婚礼已经让二位老人劳神了,以后不能再让他们操心。

陆小曼也告诉徐志摩,她一定会尽力让两位老人高兴,做一个贤良淑德的女人。

11月16日,陆小曼和徐志摩一起回到了硖石。此时,新宅子也建好了。

徐志摩在写给张慰慈的信中，详细描述了他和陆小曼回到硖石的情景：

> 上海一住就是一月有余，直到前一星期，我们俩才正式回家，热闹得很啊。小曼简直是重做新娘，比在北平做的花样多得多，单说磕头就不下百外，新房里那闹更不用提。乡下人看新娘子那还了得，呆呆的几十双眼，十个八个钟头都会看过去，看得小曼那窘相，你们见了一定好笑死。闹是闹，闹过了可是静，真静，这两天屋子里连掉一个针的声音都听出来了。

此时的徐志摩，当然是乐不思蜀了。
原本徐志摩想在老家多住一些日子，准备在硖石隐居。
在上海的时候，他曾在日记中写道：

> 蜜月已过去，此后是做人家的日子了。回家去没有别的希冀，除了清闲，译书来还债是第一件事，此外就想做到一个养字。在上养父母（精神的，不是物质的），与眉养我们的爱，自己养我的身与心。

无奈的是，这一切只是徐志摩的计划，执行起来要难得多。

在徐志摩回家一个多月后，徐志摩的父母就离开老家去了天津，因为他们看不惯陆小曼的做派。作为传统的中国家长，对于这样一个不守妇道、不贤惠淑达的儿媳妇，他们容忍不了。

在二老心中，同张幼仪对比，陆小曼差得太远了。

在天津的时候，他们给干女儿、前儿媳张幼仪写信，让她来天津某旅馆见面。

张幼仪收到信后，就急忙赶了过去。一见到徐志摩的父母，张幼仪立马察觉到不对劲：他们俩看上去非常烦恼。

张幼仪一详问，才知道是陆小曼在生活习惯、行事作风等方面表现不佳，惹怒了二老。

在二老看来，陆小曼就是任性、不守妇道、没教养等等。如此一个一无是处的儿媳妇，让他们如何忍受呢？

陆小曼的确不懂得克制自己，住在硖石小镇的日子里，什么都按北平的排场要求，这让徐志摩的父母很气愤。另外，在徐志摩的父母看来，这样一个儿媳妇，并不能带给儿子什么帮助，只会拖儿子的后腿。

公公、婆婆的离开，对陆小曼无疑是个沉重打击。作为徐家的儿媳妇，她在徐家没有得到应有的尊重。不久之后，陆小曼得了肺病。

徐志摩在给刘海粟的信中说："曼日来不爽健，早晚常病，以此生愁。天时又寒，令人不欢。足下所谓'热度'固矣，可以救寒，未能阻病奈何！"

好在一段时间后，陆小曼的身体逐渐康复了。

同时，在徐志摩的陪伴下，她慢慢从那段不愉快的情绪中解脱了出来。

没有了徐志摩父母的监督，陆小曼感觉反倒轻松了，可以无拘无束地生活。

陆小曼同徐志摩一起住在硖石的这座别具一格的宅子中，自己种花，携手登临后楼露台，眺望东西两山；在浪漫的"眉轩"里，依偎着读书、吟诗、作画；或者一起去爬智标塔、登紫薇亭，过着一种"草香人远，一流清涧"的超然生活。

那段岁月是陆小曼一生中最快乐的日子，和最爱的人每天吟诗作画、游山玩水。

后来，北伐军渐渐逼近硖石一带，徐志摩与陆小曼便仓促乘船回到了上海。徐志摩想留在小镇过平静的生活，自然没法实现了。

徐志摩向往的平静的生活，并没有想象中那么简单，它需要双方付出更多的耐心和包容。

第五章

冲突·当渴望走进现实

① 婚姻不易，且行且努力

徐志摩和陆小曼从老家到上海，第一件事就是落实住处。因为事先没有联系朋友，只好找了一家旅馆先住下来。后来，他们俩搬到朋友家住了一段时间，安定下来之后才开始找房子。

经过一番打听，他们二人租下了一栋气派十足的老式石库门洋房。那是一幢三层洋房，光一个月的租金，就需要一百元左右。

这栋洋房的环境很不错，安静雅致，一共有三层，底楼是客厅，二楼有两间卧室，其中一间是陆小曼的吸烟室，三楼全部作为徐志摩的书房。

因为当时两个人没有多少钱，也都没有收入，徐志摩又不好意思开口向父亲要钱，他深感婚姻不易，生活不易。他给胡适写信倒苦水："我们婚后头两个月在一个村镇中度过，既宁静又快乐；可是我们现在混在上海的难民中间了，这都是拜这场像野火乱烧的战争之赐。"

家里为徐志摩新建的宅子,他还没有好好地享受,就这样因为战争逃了出来。在徐志摩看来,自己此刻完全就是一个难民——一个死里逃生的难民。

当时,除了豪华的洋房,陆小曼还养着私人汽车,就连他们家里雇的用人都衣着光鲜,仿佛她们并不是用人,而是大小姐。

徐志摩当时的状况的确不好,既没收入,又无事可做,再加上陆小曼身体不好,老家又回不去,这带给他一些打击。

而且徐志摩的父母因为看不惯陆小曼的行为做派,愤而出走,去了天津。本来得不到父母祝福的婚姻就会非常艰难,何况徐志摩又是一个孝子,想到父亲的现状,他更加难过,父母已经这把年纪,却还要迁就他。可是,人生没有那么多退路,既然做出了选择,就要一心向前。

但经济上的窘迫,让陆小曼和徐志摩之间的矛盾日益加深。

一方面是花销大,却没收入,另一方面是父母的不支援。同时,陆小曼还要买名牌、高档货,丝毫没有金钱观念。这都让徐志摩觉得喘不过气来。

在父母那里,他得不到支持;在妻子这边,他得不到理解。想到这些,徐志摩决定拾起当年"新月社"的名头,在环龙路环龙别墅创办了一间书店——新月书店。

为了创办新月书店，他四处奔走，联系好友，把当初在北平的朋友都联络到了上海，闻一多、胡适、邵洵美、梁实秋、余上沅等人都被叫来了。几位好友开始运营这个书店，胡适任董事长，余上沅任总经理。

徐志摩觉得生活上压力重重，快要喘不过气，而重新回到上海的陆小曼却似乎又见到了希望，过上了肆意潇洒的生活。

陆小曼喜欢演戏，她对演戏有自己的看法："演戏绝不是易事：一个字咬得不准，一个腔使得不圆，一只袖洒得不透，一步路走得不稳，就容易妨碍全剧的表现。演者自己的自信心，观众的信心，便同时受了不易弥补的打击，真难！"

作家周瘦鹃看过陆小曼的排练，对她的表演尤为"欢喜赞叹"。他在《小曼曼唱》一文中这样评价陆小曼：

> 这回妇女慰劳会请诗人徐志摩先生的夫人陆小曼女士表演《思凡》。徐夫人本是个昆剧家，而于文学和艺术上都有根底的。在排演时，我曾去参观，不由得欢喜赞叹，觉得伊一颦一笑、一言一动、一举手一投足之间，都可以显出这小尼姑是个佛门中富有浪漫思想的奇女子、革命家，不再是那种太呆木太平凡在佛殿上念佛修行的尼姑了……像这样的唱和演，才当得上神化二字，才值得我们的欢喜赞叹。

繁华的上海，让陆小曼重新回到名媛的位置。当时，上流社会公认的"南唐北陆"，"南唐"指的唐瑛，"北陆"就是指的陆小曼。她们两个人同时出现在上海的社交圈，一时间成了上海大街小巷为人津津乐道的话题。上海滩的舞厅、戏院，也开始因有陆小曼的身影而多了一道亮丽的风景。

从老家来到上海，徐志摩本想一边在大学教书，一边继续创作自己喜爱的诗歌。他就想这样安安静静地生活，可是陆小曼不这么想，她喜欢沉醉在戏院和舞厅里。

作为一个男人，徐志摩希望过平淡的生活，希望自己在衣食起居上能够得到妻子的关心。可是，陆小曼忽略了徐志摩的这些需求。

同时，徐志摩实在不喜欢陆小曼四处搞社交，他认为，一个妻子，生活的重心应该放在家庭上。但陆小曼做不到这一点。她痴迷戏剧，不仅看戏，还会打赏舞台上表演的演员。

陆小曼的侄孙曾回忆说："尽管他们（陆、徐）爱好文艺，艺术是他们一生的追求，是他们的共性，但是在某一门的艺术上面又可能是他们的分歧。"

不管是徐志摩还是陆小曼，都是文艺的、浪漫的，艺术是他们生活上的追求。可是，徐志摩想让陆小曼成为画家或者作家，而不是一个戏迷。

这一切成了徐、陆之间潜伏的矛盾，总会在某一个平凡的日子因一件小事而全面爆发。

陆小曼与徐志摩在上海的生活，喜忧参半。

没有谁的婚姻可以尽善尽美，我们想要获得幸福的婚姻生活，都得用心努力地去经营。

❷ 甜蜜与冲突

婚姻的故事里,绕不开"矛盾"二字。

在生活习惯和兴趣爱好上,两个人就像来自不同的星球。其实,二人之间的这些不同在他们恋爱时就已初露端倪,只是当时两个人都沉醉在爱情世界里,忽视了彼此的差异。要想拥有一段长久舒适的关系,两个人必须处理好这些差异,否则必然会产生一些矛盾。

1925年8月,徐志摩在日记中这样写道:

为什么你不肯听我的话,连极小的事情都不依从我——倒是别人叫你上哪儿你就梳头打扮了快走……你这无谓的应酬真叫人不耐烦,我想想真的气,成天遭强盗抢。

他还曾这样写道:

　　我不愿意你过分"宠物",不愿意你随便花钱,无形中养成"想要什么非要到什么不可"的习惯;我将来决不会怎样赚钱的,即使有机会我也不来,因为我认定奢华的生活不是高尚的生活。爱,在俭朴的生命中,是有真生命的,像一朵朝露浸着的小草花;在奢华的生活中,即使有爱,不能纯粹,不能自然,像是热屋里烘出来的花,一半天就有衰萎的忧愁。

由此可以看出,二人之间矛盾重重,对生活的物质需求和期待完全不同。

陆小曼是家中独女,从小被父母呵护着长大。

郁达夫的妻子王映霞,就曾经亲眼见到陆小曼逛街时一次买了五双高档皮鞋。当时,王映霞忍不住感慨,陆小曼真是个出身显赫的富贵小姐,出手阔绰。

但徐志摩深爱着陆小曼,于是尽自己所能去满足她的需求。

在从老家回到上海之后,徐志摩对陆小曼更是百依百顺、照顾有加,即便被陆小曼使唤得团团转,也毫无怨言。

陆小曼是被富养长大的,再加上她自小身子就弱,吃饭的时候几乎不怎么吃东西,却非常酷爱小零食。而徐志摩收入微薄,想要支撑陆小曼的花销,还是挺困难的。

可是,徐志摩为了让陆小曼开心,便东奔西走,拼命赚钱。当时,他在五所学校做兼职,在课余时间,还创作诗文赚稿费。徐志摩,再也不是过去那个潇洒的公子哥了。他还开始做贩卖古董字画的小商贩,甚至做起了房地产中介的工作。

凭借徐志摩的能力,再加上他又如此拼命,每个月能挣到差不多一千元左右。当时,一般家庭的收入是几元钱。可是,即便有这么大一笔钱,也远远不够陆小曼挥霍。

陆小曼的侄孙邱权回忆道:"她一生一个最大的缺点就是不知道金钱来之不易。因为我姑婆本身就是一个娇小姐,你(徐志摩)娶她,就用我们现在的话来讲,你有本事养得活她就娶她。我姑婆这个挥霍,他(徐志摩)和她开始相识时就知道这么一个情况。"

徐志摩娶陆小曼,反对的声音并不少,当然也有讥讽的。可是,徐志摩根本不在乎,他只是爱着陆小曼,只是想给她一种幸福的生活。陆小曼是多么幸福啊,这个世界上有这么一个人,一心一意地爱着她,想让她过上幸福的生活。

这便是他们婚姻中甜蜜的一面。

随着陆小曼病情的好转,她开始学习画画。陆小曼认识的画家不少,她自己也颇有水平。

刘海粟曾这样评价陆小曼：

> 她的古文基础很好，写旧诗的绝句，清新俏丽，颇有明清诗的特色；写文章，蕴藉婉约，很美，又无雕凿之气。她的工笔花卉和淡墨山水，颇见宋人院本的传统。而她写的新体小说，则诙谐直率。她爱读书，英法原文版的小说，她读得很多。

在上海的时候，陆小曼结识了画家江小鹣（江小鹣，我国近代雕塑家，早年留学法国，在绘画上很有创意）。

在江小鹣的引荐下，陆小曼认识了翁瑞午——一个影响了陆小曼后半生的男人。只是此时他们都是局中人，对未来尚不可知。

翁瑞午的父亲叫翁绶祺，翁绶祺的老师翁同龢是个了不起的人物——同治、光绪两代皇帝的老师。

翁瑞午擅长诗书绘画，尤其精通国画。后来，他又跟着上海名医丁凤山学习了中医推拿。

翁瑞午真是一身才华，还会唱京戏、昆曲，都被梅兰芳赞扬过。

从十八岁开始，翁瑞午就开始行医治病。他性格平和，也豪爽讲义气，富贵不淫，贫苦不欺，是一个有医德的人，受到很多人称颂。他幽默有趣，再加上喜欢交友，朋友自然也多，张大千、赵眠云、江小鹣等人和他交往都很密切。

他身形瘦长,玉树临风,面部清朗俊秀,常戴着一副圆形的黑边眼镜,文质彬彬。在当时的上海,翁瑞午小有名气,常给达官贵人上门看病。

陆小曼有严重的哮喘和胃病,发作起来非常痛苦。为了治好陆小曼的病,徐志摩找过很多医生,可是,都没有什么效果,直到友人介绍了翁瑞午。

经过翁瑞午的一番治疗,陆小曼的病的确大有好转。

就这样,陆小曼一旦身体不适,就会邀请翁瑞午给自己推拿治疗,久而久之,两个人就熟悉了。

翁瑞午和陆小曼有一个共同爱好:唱戏。

1927年12月6日和7日两天,在上海一家电影院里,陆小曼作为主角演出戏剧,丈夫徐志摩,好友翁瑞午、江小鹣都来给她跑龙套。

徐志摩本身是不愿意的,可是妻子陆小曼非常热衷此次表演,他也就来了。一直以来,徐志摩就不支持她在外面唱戏,希望她往文学和绘画方面发展。对于妻子的行为,作为丈夫,徐志摩仍然会感到苦闷和失落。

他曾在自己的日记中这样描述:

愿新的希望,跟着新的年产生;愿旧的烦闷跟着旧的年死去。给我勇气,给我力量,天!

后来,徐志摩收到邀请,去欧洲游学。可是,陆小曼为了给演戏的角色做行头,把他去欧洲游学的钱都用来买了道具。

作为妻子,陆小曼应该陪丈夫一同前往欧洲。可她为了自己能够演戏,让徐志摩一个人出发了。徐志摩离开的时候,当然是失落又难过。不过,谁让他摊上这么一个任性的妻子呢?

演戏,当然也不是轻松的事情,需要背台词,练发声,学习化妆,等等。这样下来,没多久,陆小曼的老毛病就犯了,还好有翁瑞午能给她治疗。

有一天,陆小曼问翁瑞午:"你给我按摩确实有效,但你总不能时时刻刻在我身边,你不在的时候,万一我发病,有什么办法吗?"

翁瑞午给陆小曼的答案是:"鸦片。"

对于陆小曼吸鸦片这件事情,徐志摩可谓是讨厌至极。

此时,陆小曼染上了它,家里的经济情况更是雪上加霜,让徐志摩又难过又愤怒。自此开始,两个人的矛盾和冲突更多了。

❸ 习惯的爱，失去了甜

才华横溢的徐志摩可能从未想过，有一天自己竟然会被生计拖累，为了两人的温饱和生活，不得不四处兼职，丝毫没有空闲时间去创作。

当时，徐志摩一个月可以挣到六百元至一千元银洋，这对于普通人家来说，足够生活好几年，但对于陆小曼来说，依然不能满足她的巨额开支。

徐志摩曾在信中抱怨说："光华东吴（大学）每日有课，一在极西，一在极东，设如奔波，隆冬奈何？"

和当初简单的爱恋不一样，婚姻里充满着更多的矛盾。

四处授课的徐志摩，无暇陪伴陆小曼，不再是那个贴心贴肺的知心爱人，为此，他倾尽所有弥补对陆小曼的亏欠。

他会尽一切可能，给陆小曼遍寻新奇果菜，只要是陆小曼喜欢吃的东西，他一定想办法去置办。

徐志摩曾记录道：

"我让他过长崎时买一筐日本大樱桃给你，不知他能记得否。日本的枇杷大极了，但不好吃。白樱桃亦美观，但不知可口不？"

"这回你知道了吧？每天贪吃杨梅、荔枝，竟连嗓子都给吃扁了。一向擅长的戏也唱得不是味儿了。"

在吃的方面，陆小曼可以说是应有尽有。徐志摩宠爱她，为了她，什么苦都愿意吃。

爱一个人，就是给予她自己拥有的一切。尽管劳苦奔波，徐志摩依然心甘情愿。

陆小曼喜欢购置衣物、鞋袜、手绢等东西，尽管家里多得不计其数，徐志摩依然乐意为她购置一切。仅仅是一张丝帕，陆小曼也要买国外名牌。

有一次，友人刘海粟要出国，徐志摩特地写信请他帮忙："小曼仍要绸丝帕Don Marche（唐马尔什）的，上次即与梁君同去买，可否请兄再为垫付百方，另买些小帕子寄来，小曼当感念不置也。"

徐志摩对陆小曼的爱，非同一般。

在陆小曼看来，这些都是她习以为常的生活。年少时富裕的家境，让她习惯了花钱大手大脚，不知钱为何物，她很难理解徐志摩四处兼职的艰辛。

对于她来说，钱是什么呢？是一个取之不尽、用之不竭的东西。

最初，陆小曼的母亲当家，还能把这个家维持住，后来，陆小曼的母亲也撂挑子不干了："每月至少得花银洋五百元，有时要高达六百元，这个家难当，我实在当不了。"

除了生活有些奢侈，陆小曼每天也很"忙碌"。

夜幕降临后，她就开始奔赴各个灯红酒绿的场所，开启她精彩的夜生活。

而徐志摩呢，从这个大学奔赴那个大学，为了养活一大家子人，不知疲倦地忙碌着。两个人之间的交集越来越少，他们已经很久没有坐下好好交流一番了。

曾经，徐志摩给陆小曼写信表达自己的爱意："眉眉，这怎好？我有你什么都不要了。文章、事业、荣耀，我都不要了。诗、美术、哲学，我都想丢了。有你我什么都有了。抱住你，就好比抱住整个宇宙，还有什么缺陷，还有什么想望的余地？"

陆小曼起床的时候，徐志摩已经去上课了；徐志摩回到家中，陆小曼又出门了。徐志摩喜欢安静，可陆小曼的会客厅总是宾客如云……他们再也不是彼此的知己，各自忙着自己的事情，根本没有时间坐下来好好地倾听对方。

陆小曼也是委屈的，她自小体弱多病，身体总有不舒服的地方，而徐志摩每天四处奔波，很少抽出时间去关心她。当初两人许下的诺言,都没有实现。

至于花钱大手大脚,在她看来,这并不是多大的事儿,一直以来,她都是这样生活的呀。

终于有一天,徐志摩的情绪爆发了,对于陆小曼的我行我素,他再也无法继续忍受下去。两个人的矛盾,渐渐地显露出来。

由俭入奢易,由奢入俭难。

此时的陆小曼,是上海光芒万丈的红人,舍弃纸醉金迷的生活,对她来说实在太难了。她从青春时期就已经习惯这样的生活,突然让她放弃,不太现实。

一直以来,陆小曼就是一个遵从自己内心活着的人,为了别人而委屈自己,她做不到。

她只会为自己而活,并且要漂漂亮亮地活。

只是这样的生活方式让陆小曼的身体有些受不住了。她每天熬夜,再加上不规律的作息,导致旧病复发。还好,翁瑞午给予了及时治疗,帮她减轻了病痛。

陆小曼说:"我是多愁善病的人,患有心脏病和严重的神经衰弱,一天总有小半天或大半天不舒服,不是这里痛,就是那里痒,有时竟会昏迷过去,不省人事。……喝人参汤,没有用;吃补品,没有用。瑞午劝我吸几口鸦片烟,说来真神奇,吸上几口就精神抖擞,百病全消。"

看着妻子病重，还抽上了鸦片，徐志摩心急如焚，强烈要求陆小曼戒掉鸦片。

而陆小曼对此十分不满，不抽鸦片，她怎么忍受那些痛苦呢？

她向朋友诉苦说：

> 结婚成了爱情的坟墓。志摩是浪漫主义诗人，他所憧憬的爱，是虚无缥缈的爱，最好永远处于可望而不可即的境地，一旦与心爱的女友结了婚，幻想泯灭了，热情没有了，生活便变成白开水，淡而无味。志摩对我不但没有过去那么好，而且干预我的生活，叫我不要打牌，不要抽鸦片，管头管脚，我过不了这样拘束的生活。我是笼中的小鸟，我要飞，飞向郁郁苍苍的树林，自由自在。

两个原本相爱的人，在平凡的生活中，被一件件琐碎的事情，消耗掉了当初炽热的爱恋。

他们无法理解对方，此刻，矛盾占据了二人的生活。陆小曼和徐志摩没有交流彼此的难处与困境，是他们这段感情分崩离析的主要原因。

❹ 不对等的期待

上海这个城市,浮华美丽,夜生活丰富多彩。在这座城市里,永远有不灭的灯光、未眠的人。

据说,陆小曼是把白天当作黑夜、黑夜当作白天的人。每天中午她才起床,在卫生间里收拾半天,然后披着浴衣吃饭。所以她的一天跟别人不一样,是从下午开始的。

下午的时候,陆小曼会画画、写信、见客人、写日记,过贵妇人的生活。

到了晚上,她便会跳舞、打牌、听戏,过了凌晨才回到家中。这样的生活,让陆小曼感到满足。

在陆小曼看来,女人的青春岁月非常短暂,所以,一定要趁年轻好好享受。等到年龄大一点,容颜老去,再回归家庭,也不是不可以的。

她见过有些达官贵人家的太太,整天待在家里,为期盼丈夫而活，最后郁郁而终。在陆小曼看来，这样的女人一生十分可悲，一点儿也不幸福。

陆小曼从在外交部见习的时候开始，就热衷于过前呼后拥、被人赞赏的生活，在一段时间里，她甚至梦想成为一个明星。

陆小曼向往过明星的生活，可徐志摩从不向往。曾有人很热心地想要介绍电影明星给他认识，他都婉言谢绝了。

有人说，陆小曼最大的缺点就是虚荣心太强和过于浮躁，贪图享乐，喜欢那些不切实际的追捧。而这一切，连累了丈夫徐志摩。

陆小曼和徐志摩相爱时，只想到爱情的美好，却没想到现实生活的残酷。

不是好的东西，陆小曼都不用，但只要她喜欢，不管多难，她都要买到。这一点，让徐志摩的朋友们也非常反感。

陆小曼喜欢昂贵的东西，什么都要买外国货，这使徐志摩后来身兼数职，奔波辛劳。徐父因此非常看不惯她。

徐家两位老人非常心疼自己的儿子，自从儿子娶了这样一个女人后，拼命挣钱，可生活依然拮据。

陆小曼的干女儿何灵琰回忆道："对于徐干爹，我认识的就不太清楚了，因为他在家的时候很少（大约那时他正在北大任教，不常回家）。只记得他是一位白面书生，戴副黑边眼镜，下巴长得有一点凸出，人很和气，不爱高谈阔论，很安静。他在家时，好像也不太适应家中那种日夜颠倒的生活。有时他起早了，想早一点吃饭，叫用人，用人总说，小姐没有起来，等她起来一块儿吃吧。他性情很好，很少发脾气，平时干娘吸烟，天亮才睡，他又不吸烟，只有窝在干娘背后打盹儿。这个家好像是干娘的家，而他只是一位不太重要的客人。"

对于徐志摩，陆小曼也不太上心。徐志摩一个月的收入在当时来看并不少，但全年只有一两套衣服，并且看上去都有些陈旧。

有一天，胡适的妻子注意到，徐志摩外套的袖子上有两个洞，便让徐志摩脱下来，要替他缝补，结果发现领子处也已经磨破了。

而陆小曼对自己穿的衣服则非常上心，同徐志摩的相比，可以说是天上和地下。她对自己穿的衣服布料要精挑细选，对做衣服的师傅更是严格要求，必须是上海有名的师傅。如果衣服不合她的心意，不管花多少钱做的，她都不会穿。

当徐志摩希望陆小曼往文学和绘画方面发展的愿望落空，再看着陆小曼一日日沉迷于浮华生活中，他对她不再有任何期待。因为陆小曼一天只知道吃喝玩乐、挥霍金钱、跳舞、抽鸦片……

徐志摩的朋友们，家中倒都是贤妻。胡适的妻子温柔贤惠，一心在家相夫教子；梁思成的妻子，持家有道，教子有方，还和梁思成一起研究古建筑，写古建筑史，人称"林先生"；张歆海的妻子,虽在外教书,但也操持家务,尽心尽力。

想到这些,徐志摩自然是悲伤的。

徐志摩一直在竭尽全力地维持这一段婚姻,毕竟他们经历了那么多磨难才走到一起。

两个人当初爱得死去活来的时候,内心有着一份对爱的执着。爱情,让这平淡的世界拥有了诗情画意的美。可是,当爱的激情逐渐退去,生活的真面目露了出来,徐志摩只剩下一身的疲惫。

回想曾经,他对陆小曼有着无法自拔的痴迷眷恋,恨不能与这个女子白头偕老,为了她,曾付出自己所有的勇气。即使陆小曼有些小任性,陷在爱情里的徐志摩也始终相信,这不会影响他们之间的关系。那时候的他坚信,陆小曼就是他的文艺女神。可是,在琐碎生活面前,一心追求的爱情却成了永远不会实现的幻影。

之前,在还没有搬家的时候,徐志摩给张幼仪写信:

> 知道你们都好,尤其是欢进步很快,欣慰得很。你们那一小家庭,虽是新组织,听来倒是热闹而且有精神,让我们避难人听了十分羡慕。你的信已经收到,万分感谢你,幼仪,妈在你那里各事都舒适……我不瞒你说,早想回京,只是走不去,没有办法。我们在上海的生活是无可说的……破

客栈里困守着，还有什么生活可言。日内搬至宋春舫家，梅白路六四三号，总可舒坦些！

可见，当时在上海，徐志摩和陆小曼的生活异常困窘。因为在上海的生活状况不太好，徐志摩想去国外学习。可是，陆小曼不愿意离开她熟悉的上海。

也许，国外的环境更适合他们两个人，没有流言蜚语，甚至没有人知道他们的过去，他们可以平静地生活，在那里学习、写诗、作画。而且，脱离灯红酒绿的浮躁环境的陆小曼，或许还会另有建树。

可惜，一切都没有如果。那时候的两个人，都为生活而苦恼着。在柴米油盐面前，爱情也不再那么金光闪闪。在那段时间里，陆小曼吃了很多苦，这是她从未面临过的问题。一个过惯富足生活的人，怎么会习惯过节衣缩食的日子呢？

在生活压力突然增大的情况下，陆小曼又病了，真是祸不单行。以前，陆小曼非常讨厌中药的味道——一种苦涩萦绕在舌尖，可现在她每天都要服用，否则身体的病痛会让她更加痛苦。

尽管生活不如以前富裕，但陆小曼依然追逐奢华生活，在适应了上海的生活之后，再没有先前的忧愁了。可是，徐志摩不喜欢上海这个地方，也不喜欢他们的生活状态。

徐志摩喜欢安静与浪漫，不惧生活的清苦；陆小曼沉迷于灯红酒绿，无法过平常人的日子。

在徐志摩看来，他喜欢真实的生活，觉得浮躁的世界对自身没有丁点儿好处。物质堆积起来的，不过是空空假象，越是热闹非凡的聚会，空虚的灵魂越多。

此时，徐志摩想到了过去。在此时的他看来，过去那些孤独的日子是多么精彩啊！他可以研读自己喜爱的文学和诗歌，也不用为生计发愁，过着衣食无忧的生活。

可是，自从和陆小曼在一起，徐父已经不再提供物质帮助，本来以他在文学界的影响力，可以让自己过上普通人家的富足生活，可是，他的妻子陆小曼是一个名媛，她怎么会满足于过普通人家的生活呢？作为男人，作为家里的顶梁柱，他只能埋头苦干，为家庭生计而努力。

多情浪漫的诗人徐志摩，最终对生活妥协了。

两个人当初爱得轰轰烈烈。陆小曼可以放弃官太太的生活，不在意世俗的目光，不顾一切地奔向徐志摩的怀抱。她对徐志摩的感情没有任何的杂质，单纯又美好。徐志摩同样不顾前途，顶着父母和恩师的压力，和陆小曼结合，他对陆小曼的感情，纯粹又热烈。

然而，在婚姻生活中，再热烈的爱情，也会在时间的消磨下一点点变淡，直至转换成亲情。

直到某一天，徐志摩再也无法忍受，开始干涉陆小曼的生活,两个人的矛盾随之爆发。

争吵过后,在徐志摩看来,眼前人依然是心上人。他觉得,两个人应该改变一些生活方式。可是,徐志摩提出的建议,在陆小曼看来,是不可接受的,她不想被别人约束。她开始觉得,徐志摩不理解她,并且在逼她。当时,徐志摩的父母对待陆小曼的态度,也让陆小曼感觉很委屈。

有人说,像徐志摩这样的诗人,一个理想主义者,注重精神修养,喜欢大自然的一切,更需要的是来自灵魂的共鸣,是志趣相投,是两个人人生方向上的一致。可是,这样的人,注定会在现实婚姻生活里失望。

第六章

遗憾·婚姻里的不成熟少女

❶ 婚姻里的任性少女

二十八岁的女人,如同春天的花朵,正是绽放得最灿烂的时刻。原本应该趁此好年华做一些有意义的事情,但陆小曼却在鸦片的烟雾缭绕中虚度着自己最美好的时光。

就连过去对陆小曼称赞有加的胡适,面对这样一个她,也只能摇头叹息。

而徐志摩在和陆小曼发生种种冲突后,对很多事情都失去了兴趣,不愿走出家门,也不愿和外面的人交际。

徐志摩的朋友们都建议他回北平,害怕他一直待在上海会被毁掉。

当时,徐志摩有顾虑,觉得自己再在上海待下去,心情会越来越差,事业上也停滞不前。而且,陆小曼在这样的环境里再待下去,实在让人堪忧。所以,徐志摩计划自己北上的同时,也极力要求陆小曼随他一起北上,希望两个人一起去北平开辟一个新天地，可陆小曼不肯离开上海。

经过一番思索，徐志摩去了北平。

陆小曼二十八岁生日的时候，徐志摩身在北平，没办法给她过生日，便写信问候她：你今天过得怎么样？不能陪在你身边，对我来说是一件遗憾的事情。

此时，身在上海的陆小曼对自己的生日毫不在意，在她看来，生日已经没有什么意义了，重要的事情是，抽鸦片。

有一次，徐志摩拖着疲惫的身体回到家里的时候，发现屋子里全是烟味。

这浓浓的烟味，让他想吐。于是他赶紧跑到院子里，吸了几口新鲜空气，整个人觉得轻松了很多。可是，沉重的情绪，没有从他心里离开。

很显然，抽上鸦片的陆小曼，已经不是过去那个灵动的女孩了，她变得麻木，仿佛没有了灵魂，眼睛里再也没有那种动人的神采。

见到自己的儿子生活在这样一个环境里，徐母感叹：这个家毁了。

徐志摩很理解陆小曼，所以不曾逼迫她。很多时候，徐母批评陆小曼的时候，徐志摩还会帮着陆小曼说话，在母亲面前处处维护她。

去了北平工作之后，徐志摩想把家迁到北平，所以多次写信给陆小曼，希望她一同到北平去。

当徐志摩对陆小曼说："眉眉，北平比上海有意思得多，你何妨来玩玩。到北平后，我保证你从此振拔，脱离痼疾，回复健康活泼，你我亦相互友爱，真可谓海阔天空，你意下如何？"

可是因为徐家人的冷淡，陆小曼心里十分气愤，就把火发到了徐志摩身上："我不去，你一个人去好了，北平对于你而言，当然是'有意思得多'，对我又有什么呢？"

徐志摩又说："北方的朋友们都想见你呢。"

陆小曼说："我可不想见他们。"

徐志摩又劝道："小曼，朋友们都说你是'聪明有余，毅力不足'，此虽一般批评，但亦有实情。你何不拿出实际行动来，让他们受一惊。这才是小曼奋起的样子啊！"

但这个请求被陆小曼拒绝了。陆小曼拒绝的理由是，她已经习惯了上海的生活节奏，也不想离开这里的朋友们。

对于陆小曼拒绝的理由，徐志摩无法接受。就连徐志摩的朋友们都知道，如果他一直留在上海这个地方，迟早会被毁掉。作为妻子，陆小曼难道想看到一个碌碌无为的丈夫吗？这一次，是徐志摩第一次向她提出要求，她竟然拒绝了。

过去，陆小曼有什么要求，想买名牌，想过奢侈的生活，徐志摩都尽全力去满足他，哪怕辛苦地在好几个学校兼职教书，哪怕顶着重重压力，也全心全意地爱护着她。

而陆小曼凡事只为自己考虑。徐志摩再也不像过去那般平和了。他想到了一个问题：这个婚姻，还要不要？

徐志摩在给陆小曼的信中说：

> 我对你的爱，只有你自己知道，三年前你初沾上恶习的时候，我心里不知有几百个早晚，像有蟹在横爬，不提多么难受。但因你身体太不好，竟连话都不能说。我又是好面子，要做西式绅士的。所以至多只是短时间绷长着一个脸，一切都郁在心里。

当时，陆小曼对徐志摩也有埋怨，对她来说，婚姻成了爱情的坟墓。她一直喜欢无拘无束的生活，可是徐志摩总在有意无意间试图改变她的社交观念。

徐志摩的解释是，上海的环境与生活会毁了她，可对陆小曼来说，北平的生活才枯燥无味。

1931年3月19日，徐志摩写信给陆小曼：

> 你能明白我的苦衷，放我北来，不为浮言所惑，亦使我对你益加敬爱。你来信总似不肯舍去南方。……你的困难，由我看来，决不在尊长方面，而完全是积习方面。积重难返，恋土情重是真的。（说起报载法界已开始搜烟，那

不是玩！万一闹出笑话来，如何是好？这真是仔细打点的时机了。）

可陆小曼依然不愿意去北平。

她想要的生活，并非写作、绘画，也不是与徐志摩朝夕相伴，她只想自由自在，随心所欲地生活。

此时，她在这段婚姻生活里已身心俱疲，再也感受不到爱。

她认为，爱不是嘴上说说甜言蜜语，纸上勾勒幸福蓝图，而应该是如她所愿，让她活得舒服自在。

关于北上的事，她早就烦了，而且她更懒于去北平做一个操持家务的好太太。她不想改变现在的一切。

有一次，陆小曼很决绝地写道：

顷接信，袍子是娘亲手放于箱中，在最上面，想是又被人偷去了。家中是都已寻到，一件也没有。你也须察看一下问一问才是，不要只说家中人乱，须知你比谁都乱呢。现在家中也没有什么衣服了，你东放两件西放两件，你还是自己记记清，不要到时来怪旁人。我是自幼不会持家的，家里也一向没有干净过，可是倒也不见得怎样住不惯，像我这样的太太要同胡太太那样能料理老爷是恐怕有些难吧，天下实在很难有完美的事呢。

对于眼前的婚姻生活，徐志摩觉得很失败。

当初的浪漫爱情，在进入婚姻之后，被现实生活击得粉碎。婚姻成了葬送爱情的坟墓。

1931年11月上旬，为了挣一笔钱，徐志摩答应做蒋百里出售愚园里住宅的中间人，以此弥补陆小曼巨额开销的亏空，因此在13日由北平返回上海家中。

当天晚上，徐志摩邀了几个好朋友在家聊天，却没想到刚好撞见陆小曼深夜喝得酩酊大醉地回家。对此，徐志摩感到非常气恼和心痛。

第二天，徐志摩又一次劝说陆小曼和自己一起去北平，陆小曼很坚决地再一次拒绝了徐志摩的要求。为此，两人大吵了一架。

没想到，陆小曼竟直接拿起烟灯朝徐志摩扔了过去，烟灯擦着徐志摩的眼角飞过，打碎了他的眼镜。

徐志摩愤怒难息，负气离家。

这是两人最后一次争吵。

❷ 亲手酿制的苦果

爱情,可以让人看到希望,看到阳光,也可以让人看到波涛汹涌的巨浪,让人患得患失。

彼此相爱的人在一起,空气仿佛都会变甜,万物一片安好。

可是,相爱不是一件容易的事情,尤其是那些不被祝福的婚姻。

当初,陆小曼和徐志摩在一起的时候,所有长辈都站出来阻拦,徐志摩却一意孤行,非要和陆小曼在一起。也许,他们注定是彼此逃不掉的劫数。婚后的岁月,陆小曼花钱如流水,沉浸在大上海的纸醉金迷中。

徐志摩要养活她,实在不是一件容易的事情。靠教书、写文章去养阔太太,徐志摩恐怕是中国第一人了。

在这样的情况下,徐志摩去了北平谋求发展,而陆小曼又不愿意跟着他去北平。徐志摩只好北平、上海两头跑,一边工作养家，一边为照顾妻子奔波着。

徐志摩为了节约时间和路费，经常设法乘坐免费的飞机，奔波于北平和上海之间，陆小曼曾为此担忧过他的安危。

徐志摩这样回答陆小曼："你也知道我们的经济条件，你不让我坐免费飞机，坐火车也是要钱的呢。我一个穷教授，还要养家，哪来那么多钱坐火车呢？"

听到徐志摩这样说，陆小曼回答道："心疼钱，那你还是尽量少回来吧！"

夫妻分居两地，矛盾越来越多。

1930年，徐志摩的母亲得了很严重的气喘病。

当时，徐父给徐志摩打电话，要他马上回家，看望生病的母亲。给徐志摩打完电话之后，徐父又立刻给张幼仪打电话，告诉她婆婆生病的消息，要她也回硖石镇老家。

接到这样一通电话，张幼仪不知如何是好。一方面，听到婆婆病重的消息，张幼仪心里充满了担心，毕竟婆媳一场，她第一点想到的就是马上回硖石镇去看望婆婆。另一方面，她也有自己的顾虑。她和徐志摩已经离婚了，就这样赶回去，势必会遇到徐志摩和陆小曼，显得有些喧宾夺主，很尴尬。

张幼仪，自然是不想再见到徐志摩，更不愿再想起那些让自己伤心难堪的往事。

于是，经过一番思索，她打电话告诉徐父，自己会把儿子阿欢送到硖石镇老家去，让阿欢和徐志摩在火车站碰面，然后让徐志摩带着阿欢回家。

但是，当天下午，徐父再一次给张幼仪打电话，坚持让她尽快赶回家。

在徐父的坚持下，张幼仪同意了。她开始着手准备行李，最终在徐志摩的母亲去世前两个星期，回到了老家硖石镇。

张幼仪回到老家的时候，徐母的情况已经不太好，可是当徐母看见了张幼仪时，便顿时觉得心安了很多，还告诉张幼仪自己很高兴，她来了，自己就放心了。

张幼仪果然是一个能干的女人，在徐母去世后，把葬礼的事情办得很得体，小到徐母的寿衣，大到各种法事的安排，还专门请裁缝做好了全家人的孝服。

而陆小曼，无论是在婆婆病重之时，还是在婆婆的葬礼上，都没有被徐父看作徐家的儿媳妇。

作为儿媳妇的陆小曼回老家去参加葬礼，可是，徐父坚决不让陆小曼进徐家大门。陆小曼只得去镇上的一个小旅馆住下，最后带着愤恨的心情回了上海。

作为儿媳妇，却没有资格参加婆婆的葬礼，而离了婚的张幼仪在操持后事，这让陆小曼感到愤怒的同时，也非常难过。

对于这件事情，徐志摩也很生气，可是母亲刚刚过世，也不能在此时冲撞父亲。所以，徐志摩赶紧给陆小曼写信说明自己的心意:"我家欺你,即是欺我。这是事实。我不能护我的爱妻,且不能保护自己。我也懊憹得无话可说,再加不公道的来源,即是自己的父亲,我那晚顶撞了几句,他便到灵前去放声大哭。"

这件事情,让陆小曼感到很受伤。对于徐志摩来说,也是如此。父亲如此不待见自己的妻子,他却无力改变。总之,夫妻俩很不容易。

此时,他们面对自己的生活,或许仍期盼一切问题会随着时光流逝慢慢化解。

徐母去世后,徐志摩的心情一度很不好,再看到陆小曼既懒散又养尊处优的样子,觉得这个家丝毫不像一个家。

当时徐志摩的收入并不低,在两所大学担任教授,平时还会写些文章挣稿费,在当时已经有很高的收入。可是家里需要养着用人、汽车,又有一个花钱大手大脚的妻子,徐志摩的收入明显有些不够用。

一天回到家中,徐志摩看到丝毫没有改变的陆小曼时,气不打一处来,和她吵了一架。这一天,他还给陆小曼带了画册笔墨,希望她可以多画画,不要浪费了自己的天赋。

和妻子继续待在一块儿,怕再有争吵,徐志摩就去了朋友家里,和朋友聊了一整天。那一天,徐志摩过得非常开心。

17号晚上,见徐志摩收拾好了东西,陆小曼便问他:"你准备怎么去北平呢?"

徐志摩回答说:"坐车去。"

陆小曼又说道:"你不是打算在南京还要停一停,去看望朋友吗?这样一来,我担心你在19号的时候赶不到北平。"

徐志摩回答说:"如果时间实在紧张,那我只好坐飞机了。正好上次航空公司的财务主任保君建给我的免费飞机票我还留着呢。"

听了这话,陆小曼立马着急了,她担心飞机不安全,便回答:"我给你说了多少次了,不许坐飞机。"

然而,徐志摩并没有重视这件事情,反而还用开玩笑的口吻说:"你是知道的,我多么喜欢飞翔啊。你再看雪莱,死得就很风流。"

听到他这样说,陆小曼也开起玩笑:"我怕什么!你死了,我大不了做个风流寡妇,也不错!"

谁又能想到,一句玩笑话,竟然变成了事实。

人总是对未来充满无限的希望,会变好,会结束,会……可是,人们都忽略了一个人生角色:意外。

月有阴晴圆缺,人有旦夕祸福。在徐母去世七个多月后,徐志摩也离开了这个世界,一切是那么突然。

1931年11月19日,是陆小曼的人生出现重大转折的一天。为了节约机票钱,一直以来,徐志摩都是乘坐免费飞机。那一天,他乘坐的正是中国航空公司"济南号"邮政飞机,从南京飞往北平。

在即将抵达济南南部时，忽然遇上天气转恶，天空中弥漫着大雾，飞机师为了避免迷失航线，就降低了飞行高度，却不慎撞上了开山山顶。

飞机上一共有三人，两位飞机师和徐志摩。

在徐志摩遇难后，送给他免费机票的中国航空公司财务组主任保君健，亲自去上海给陆小曼报的这个噩耗。

可是，陆小曼不敢相信自己的耳朵，不相信这个消息，把所有人都挡在了门外。一切来得太突然了，就像一场噩梦。

后来，确认徐志摩确已离开人世，陆小曼一下子晕了过去。醒过来后，她放声大哭。此时，她的内心感受比谁都要复杂，恐惧、后悔、悲伤、遗憾、悔恨……这些情绪全都涌上了她的心头，一点点侵蚀着她。此时，她才知道，徐志摩对于她来说是多么重要，多么不可替代。

她悲痛到了极点，害怕到了极点，更悔恨到了极点。那一刻，她感觉自己失去了天，怎么也想不到诀别会来得这么早，一时间，复杂的心绪在心间游走，大脑停止了思考。陆小曼变成了呆呆的木头人，一句话都说不出来。

但徐志摩的后事总是要找人处理的。不得已之下，保君健只能返回北平找张幼仪，因为徐父也在北平，再怎么说，也要让徐父知道自己儿子的事情。

张幼仪听说之后，非常冷静地处理了这件事。她让十三岁的儿子和八弟去认领尸体，而她自己则在家中为徐志摩料理后事。

后来回忆起这件事情，张幼仪是这样说的："她（陆小曼）出了什么毛病？打从那时候起，我再也不相信徐志摩和陆小曼之间共有的那种爱情了。"在张幼仪看来，陆小曼存在巨大的过错，她是徐志摩一切不幸的源头。徐志摩发生这样的意外，她的责任最大。

三十六岁的徐志摩就这样离开了这个世界，实在是太遗憾了。

当徐志摩的灵柩从济南运回上海，上海文艺界和社会各界的很多人都前来追悼。同时，在北平也设了分祭地点，由梁思成、林徽因夫妇主持，徐志摩的生前好友，也都来送他最后一程。

中央研究院院长、原北大校长蔡元培写下这样的挽联：

谈话是诗，举动是诗，毕生行径都是诗，诗的意味渗透了，随遇自有乐土。

乘船可死，驱车可死，斗室生卧也可死，死于飞机偶然者，不必视为畏途。

好友张歆海的挽联：

十数年相知情同手足；一刹那惨剧，痛切肺腑。

温柔诚挚乃朋友中朋友；纯洁天真是诗人中的诗人。

对于徐志摩的朋友们来说，这残酷的事实让他们痛心，一个年轻的生命随风而逝，这个世界上少了一个真正的诗人。

对于徐志摩的父亲来说，这更是一件极为残忍的事情，毕竟白发人送黑发人，是人生之大不幸。眼下，妻子和儿子相继离开，更让他难以面对。

徐父的挽联：

考史诗所载，沉湘捉月，文人横死，各有伤心；尔本超然，岂期邂逅罡风，亦遭惨劫！

自襁褓以来，求学从师，夫妇保持，最怜独子；母今逝矣，忍使凄凉老父，重赋招魂？

对于陆小曼来说，这一切也太沉重。

在徐志摩的遗物中，有一幅陆小曼绘的山水长卷画，经多位名家题跋。徐志摩一直将这幅画带在身边，可见他对陆小曼的深爱之情非同一般。

在徐志摩去世后的第二天下午，郁达夫和王映霞一起去探望陆小曼。当天，陆小曼穿着黑色的丧服，头上包了一块黑纱，双眼无神，万分悲伤地半躺在沙发上。

见到郁达夫夫妇前来,她没有多说什么。王映霞形容,当天陆小曼蓬头散发,感觉一下子老了很多。

郁达夫曾这样描写:

> 悲哀的最大表示,是自然的目瞪口呆、僵若木鸡的那一种样子,这种状态我在小曼夫人当初接到志摩凶耗的时候曾经亲眼见到过。小曼几乎倾尽了自己的力气,整个人被掏空了。她的目光呆滞、游离,仿佛已经没有了灵魂。

他走了,正如他轻轻地来,挥一挥衣袖,没有带走一片云彩。
他走了,那白头偕老的誓言,也烟消云散了。
他走了,从今往后,再也没有那个爱眉的徐志摩。
他走了,正如他曾写下的那首诗:

> 轻轻的我走了,正如我轻轻的来;
> 我轻轻的招手,作别西天的云彩。
> 那河畔的金柳,是夕阳中的新娘;
> 波光里的艳影,在我的心头荡漾。
> 软泥上的青荇,油油的在水底招摇;
> 在康河的柔波里,我甘心做一条水草!
> 那榆荫下的一潭,不是清泉,

是天上虹,揉碎在浮藻间,沉淀着彩虹似的梦。

寻梦?撑一支长篙,向青草更青处漫溯,

满载一船星辉,在星辉斑斓里放歌。

但我不能放歌,悄悄是别离的笙箫;

夏虫也为我沉默,沉默是今晚的康桥。

悄悄的我走了,正如我悄悄的来;

我挥一挥衣袖,不带走一片云彩。

3 万千别恨无人言

多少前尘成噩梦,五载哀欢,匆匆永诀,天道复奚论,欲死未能因母老。

万千别恨向谁言,一身愁病,渺渺离魂,人间应不久,遗文编就答君心。

这是徐志摩去世时陆小曼写给他的挽联。

徐志摩去世后,陆小曼才从过去奢华腐烂的生活中清醒过来,看清楚眼前的一切,原来徐志摩那么爱她,原来徐志摩承担了那么多责任,付出了那么多辛苦。可是,一切都悔之晚矣。

在徐志摩去世一个月后,陆小曼写下了凄婉哀怨的长篇悼文《哭摩》——

我深信世界上怕没有可以描写得出我现在心中如何悲痛

的一支笔,不要说我自己这支轻易也不能动的一支。可是除此我更无可以泄我满怀伤怨的心的机会了,我希望摩的灵魂也来帮我一帮,苍天给我这一霹雳直打得我满身麻木得连哭都哭不出,浑身只是一阵阵地麻木。几日的昏沉直到今天才醒过来,知道你是真的与我永别了。摩!漫说是你,就怕是苍天也不能知道我现在心中是如何的疼痛,如何的悲伤!从前听人说起"心痛",我老笑他们虚伪,我想人的心怎会觉得痛,这不过说说好听而已,谁知道我今天才真的尝着这一阵阵心中绞痛似的味儿了⋯⋯

通篇看下来,是陆小曼的后悔和无助,检讨自己婚后的种种过错⋯⋯但对于已经去往天堂的徐志摩来说,已经不重要了。

此时,她已幡然醒悟,徐志摩对她是那么好,一直迁就着她,一直辛苦赚钱供她开销。

陆小曼也终于明白,自己活得多么狭隘,多么任性。过去的她,又是多么自以为是。

陆小曼说:

我现在很决心地答应你,从此再不张着眼睛做梦躺在床上乱讲,病魔也得最后与它决斗一下,不是它生便是我倒,我一定做一个你一向希望我所能成的一种人,我决心做人,

> 我决心做一点认真的事业……

徐志摩的离开,让陆小曼下定决心,不再浑浑噩噩地度过余生。

有人说:"徐志摩突然罹难,陆小曼犹遭当头棒喝,猛然惊觉。短暂地消沉之后,她一改从前喜欢热闹繁华的天性,缁衣素服,闭门不出。她开始反省,反省她嫁给徐志摩的这几年,志摩对她的倾情付出。她恨以前的自己,恨自己的任性和自私,恨她只顾自己舒适安逸,却不知志摩因为爱她,才一直风尘仆仆地负重前行。"

自从徐志摩死后,陆小曼确实改变了。

陈定山在《春申旧闻》中说:

> 自摩去世后,她素服终身,从不看见她去游宴场所一次。

王映霞也回忆说:

> 他飞升以来,小曼素服终身,我从未见到她穿过一袭有红色的旗袍,而且闭门不出,谢绝一切比较阔气的宾客,也没有到舞厅去跳过一次舞……

在陆小曼的卧室里，悬挂着一张徐志摩的大幅遗像，每隔几天，她就会买一束新鲜的花摆在遗像前。

爱意变成了悔意，这是让人伤感的事情。那盏熄灭的灯，再也没有开启的可能，所有的遐想，永远地消失在黑暗之中。

徐志摩离开了，带着陆小曼的任性妄为、自以为是，以及那过往的浪漫岁月，永远地离开了。

徐志摩的离开，让陆小曼的人生跌落到了谷底。

面对失意的人生，她未做一丝辩解。她不想再辜负徐志摩的深情，一改之前贪恋浮华的姿态，以表达她心中的愧疚。

如同在那篇《哭摩》中所写：

我现在不顾一切往着这满是荆棘的道路上走去，去寻一点真实的发展，你不是常怨我跟你几年没有受着一些你的诗意的陶熔么？我也实在惭愧，真也辜负你一片至诚的心了。我本来一百个放心，以为有你永久在我身边，还怕将来没有一个成功么？

谁知现在我只得独自奋斗，再不能得你一些相助了，可是我若能单独撞出一条光明的大路，也不负你爱我的心了，愿你的灵魂在冥冥中给我一点勇气，让我在这生命的道上不感受到孤立的恐慌……我此后决不再病（你非暗中保护不可），我只叫我的心从此麻木，不再问世界有恋情，人们有欢娱。我早打发我的心,我的灵魂去追随你的左右,像一朵水莲花拥扶着你往白云深处去缭绕,决不回头偷看尘间的作为,留下我的躯壳同生命来奋斗。

志摩走了,陆小曼变成了沧海中的一叶孤舟,在孤独与黑暗之中,她漂漂荡荡,不知道去往哪里。

她是幸运的,在最黑暗的那段人生路程里,还有三两好友陪伴在她的左右。

摒弃浮华,活在当下,陆小曼此时或许只想守着徐志摩和她之间的那份爱情度过余生。

陆小曼说:"我和徐志摩的爱情得不到世人的认可,我追求的现世安稳也未有过,但我从不在意世人如何评价我。"

王亦令在《忆陆小曼》一文中说:"凡是认识陆小曼的人,几乎异口同声称赞她宅心忠厚、待朋友热情、讲究义气。甚至有人作出这样的评论:男人中有梅兰芳,女人中有陆小曼,都是人缘极好,只要见过其面的人,无不被其真诚相待所感动。她绝不虚情假意敷衍他人,而是出于一片赤子之心。"

由此可以看出,陆小曼之所以很受欢迎,不光是她的外在吸引人,她的内在也同样令人钦佩。与人相处时,她待人真诚,会替别人考虑,让人觉得轻松自在。

只是这世间发生了太多的事情,好像所有人、所有事都成了她生命中的过眼云烟，再不似从前。

虽说女为悦己者容，可是梳着长头发、画着精致妆容的陆小曼却恍了神。如今，不管她怎么装扮，爱人都回不来了，那这一切还有什么意义呢？

岁月带走了徐志摩，也在不经意间改变了陆小曼。

徐志摩走了，陆小曼心底的那份情感，再也没有寄托的地方，即便有友人的陪伴，这汹涌而来的孤苦还是让她的生活充满了苦涩。

斯人已去，就应该学会放手，可陆小曼做不到，在她的心里，充满了对亡人沉痛的追悼和对过去二人幸福生活的回忆。

时光可以温柔如水，也可以如刀锋般凛冽，但无论现实如何残忍，陆小曼的人生都得继续下去。身边没有了最爱的人，陆小曼把全部的心思都寄托在了绘画上，仿佛只有在拿起画笔的时候，她才觉得重新找到了自己，让她的生活重新燃起了希望。

振作起来的陆小曼，注定会以新的方式散发人生的光芒。

不经意间，往事一幕幕浮现在脑海，把人拉到过去。那些爱恨和得失，都已经远去。人要努力往前走，按照自己的内心，去追寻真实的自己。

第七章

告别·有些成长注定带着遗憾

❶ 活成你喜欢的样子

人在一生中会经历很多次离别，有些离别，就是别后再也不会相见。

从徐志摩离开人世的那一刻开始，陆小曼的特权就没有了。她注定要背负着悲痛，去度过余生中的每一天。她再也不能像过去那样任性，再也不能沉迷于过去放浪形骸般的生活……

陆小曼静下来了，把所有的时间都用来发展自己，去做那个让徐志摩会感到骄傲的陆小曼。

当时，陆小曼还有一件非常重要的事情，就是编写徐志摩的手稿。徐志摩为她做过很多事情，她也想为徐志摩做一点事情。

陆小曼下定决心，不再像过去那样脆弱和被动，她要坚强地活下去，活成徐志摩喜欢的那个自己。

她不再贪恋人间爱情，也放弃了夜夜欢歌的生活。她把过去那些华丽的衣服、首饰全部放进箱子，每天只穿着一身素服，终日不出门，谢绝所有的社交，只专心做自己的事情——画画，写作，整理徐志摩的文稿。

一个很偶然的契机，或许是命运的安排，陆小曼终于实现了她的"遗文编就答君心"。这也算是她给徐志摩的一个交代。

赵家璧，著名的出版家、作家及翻译家，也是徐志摩的学生。赵家璧跟陆小曼的关系很不错，两人合编了《志摩全集》，并且交给上海一家出版公司印刷出版。

赵家璧是一个很有能力的人，还在光华大学附中读书时，就已经开始主编《晨曦》季刊。后来，他任良友图书印刷公司主编，在此期间，他结识了鲁迅、郑伯奇等作家。

既然赵家璧在出版方面很精通，那一切应该就会简单很多。可是，出版徐志摩文稿的过程，一点也不顺利。

最初，在徐志摩去世后，赵家璧想刊发老师徐志摩生前交给他的遗作《秋》，和他自己写的纪念徐志摩的文章《写给飞去了的志摩》，用以寄托哀思。但在这时，赵家璧需要一张徐志摩的照片，便去找陆小曼，希望陆小曼能提供帮助。

与纪念徐志摩有关的事情，陆小曼当然很积极。在两个人的交流过程中，陆小曼谈到她还珍藏了徐志摩很多遗稿、日记、信札等资料，期待能编辑出版一本《志摩全集》。

赵家璧听到陆小曼这样说，感叹两人想到了一起，出版徐志摩遗稿的合作就这样达成了。

此时，距离徐志摩去世已经一年多了。

在这期间，陆小曼一直处于病态。如果想要编辑这样一部全集，首要任务是收集稿件资料，这不是一件轻松的事情。

陆小曼和赵家璧经过一番商量，写了一封封言辞恳切的信，希望得到徐志摩生前好友的支持和帮助，为这部书提供一些徐志摩往来书信的手稿等资料。

当时，赵家璧还找到茅盾征求编纂和出版意见。茅盾说："徐志摩的诗，在当时的新诗作者中还没有人能与他比。日记和书信是研究一位作家的重要资料。"

茅盾非常赞成赵家璧的做法，并积极支持。

此外，赵家璧还拜访了郑振铎、冰心、胡适、周作人、沈从文和陈梦家。除了胡适不置可否，其他人都不愿意提供书信资料。他们都说，徐志摩的死，陆小曼有不可推卸的责任，现在让这样一个人来出版《志摩全集》，心里过不去这个坎儿。但也有部分好友是支持的，把信件寄给了陆小曼。

后来，胡适去了上海，赵家璧立马趁此机会组了一个饭局，陆小曼也参加了。赵家璧此次请客的目的，当然还是想收集徐志摩的手稿、日记，以及信件。

胡适比较有声望，陆小曼希望他能站出来，帮忙收集徐志摩北方朋友们的书信。

为了争取到胡适的合作，他们还请胡适为这本书写序。可是，胡适依然保持沉默，没有答应他们的请求。

事情办得很不顺利，陆小曼感叹世态炎凉，没办法了，只能靠自己。

陆小曼决定，不再去开口求任何人，凭借她手中的大量资料，再结合收集来的部分资料，开始着手编辑。

陆小曼把自己手中的日记、信函等资料全部搬出来。就连徐志摩在国外寄回来的英文信件，也全部翻译过来，凑成篇幅。

在收集大量资料的同时，陆小曼还给赵家璧打气，她说："一切按计划行事，编辑所需稿件没有大问题。"

把零星的资料整理起来，也是耗费时间的事。直到1935年年末，他们才大致凑齐了十卷稿件。

陆小曼将散文、诗歌、信函、日记分门别类进行编辑，因为她从来没有做过编辑工作，在最开始的时候，还是有点儿丈二和尚摸不着头脑，十分辛苦。当时，她用纯正的小楷，一笔一画地辑录。

这其中的辛苦，只有陆小曼自己知道。不过，当她想到即将出版面世的《志摩全集》，心里就会充满无限的喜悦和期待，觉得所有的付出都是值得的。

这是她送给徐志摩的最好的礼物，徐志摩如果知道了应该也会很开心。

可是，随着胡适的介入，这本辛辛苦苦编辑的《志摩全集》，在岁月的长河里被尘封了很久。

原来，当初胡适并非不想出版这部书，而是不愿意把这部书放在良友出版社出版。

胡适找到陆小曼，告诉她《志摩全集》不宜在良友出版，他已经和商务印书馆的馆长王云五商量好了，可由商务印书馆出版发行，同时马上可以得到预付的版税两千元。

提前预支两千元的版税，这对困境中的陆小曼来说，是一个非常好的消息，会使她的生活有很大的改善。同时，商务印书馆在发行方面也更有经验，会让更多的人读到徐志摩的作品。

于是，陆小曼解除了跟赵家璧的意向性合约，改为和商务印书馆签订正式合同，所编稿件一并移交给了商务印书馆。

好事多磨，原本这部书稿即将出版面世，可战争又到来了，商务印书馆不知道搬到哪里去了，所编稿件全部因此石沉大海。

陆小曼的希望破灭了。当天，她都忘记了自己是怎样带着一颗沉重的心回到家里的。

她在文章里这样写道：

> 我怀着一颗沉重的心回到家中，前途一片渺茫，志摩的全集初度投入了厄运，我的心情也从此浸入了忧愁中。除了与病魔为伴，就是整天在烟云中过着暗灰色的生活。

1946年，赵家璧去看望陆小曼，提起这件事情，陆小曼声泪俱下，无比后悔。赵家璧宽慰她，让她不要难过，他愿意继续编辑徐志摩的其他稿件。

因为赵家璧的宽宏大量，也就有了后来的《志摩日记》，由晨光图书出版公司于1947年3月出版。

陆小曼在这本《志摩日记》的序言中写道：

> 我决心要把志摩的书印出来，让更多的人记住他，认识他。这本日记的出版是我工作的开始……我预备慢慢地将志摩的东西出齐了，然后再写一本我们两人的传记，只要我能完成上述的志愿，那我一切都满足了。

后来，陆小曼得到商务印书馆发来的喜讯，说《志摩全集》的稿件已经找到了，由于时代原因，暂不宜出版，稿件退还，之前预付的两千元版税也无须退还。

徐志摩的诗稿没有丢失，这可真是天大的喜讯，陆小曼不禁在想：志摩，是不是你冥冥之中的庇护？

1945年的一天，作家赵清阁去看望陆小曼。

此前，赵清阁就听人介绍过陆小曼，对她赞不绝口，所以一直想找个机会去看看她。

在见面之前，两人还特地通了信，再回忆起这件事情，赵清阁写道：

　　今天是一个最好的日子，虽寒冷，下午却出了太阳，冷，澄清了我忙乱的心情；太阳又引出我出去走走的兴趣，于是放下笔，决定访这位也许已经被人遗忘了的陆小曼女士。

　　福煦路上，特别萧条，车马稀少，人行道上唯有落叶狼藉，寂寞无声欲断魂，我不禁悄悄地说声：这正是诗人住的环境。及抵陆宅，叩门良久，才出来一个北方口音的女仆，予以名片，说明我是专门来拜访陆女士的，她遂引导我进入一二层楼的客厅，客厅相当大，陈设古老，药香气颇浓，一张长方的画桌上，笔墨颜料零乱的散置着，案头铺了幅刚刚续就的山水，后来知道这便是小曼女士在上海日以继夜，年复一年的唯一消遣，案面嵌玻璃板，底下压了一张徐志摩先生的便装照片，他是躺在一块草地上，手里还拿着一支香烟，潇洒出尘，神情活现，我们可以想象出小曼女士虽然在作画的时候，也还需要志摩先生的遗影伴着她，安慰她。

　　四壁满是书画，照片左壁角悬了一帧小曼女士年轻时的放大像，和她斜度相对的左壁正中，悬了一张男子放大像，这一望而知是我们的诗人徐志摩先生了。人亡影在，看了令人肃然起敬，不胜悲悼之至。

赵清阁第一次见到陆小曼时，陆小曼已经四十二岁了，很瘦弱，面色苍白，好像患了贫血症一样。

见到赵清阁，陆小曼微笑着说："我等了你那么久没来，还以为是我的信没寄到呢。"

赵清阁解释，自己因为一些事情要忙所以一直没能来，又问候陆小曼是否身体安康。

陆小曼说："差不多一年病到头，前几天还不能起床，要不然，我早去看你了！"

哪怕是坐在房间里，陆小曼也刻意避开阳光直射的地方，她解释说："我有许多年不迈出大门一步了，也可以说有许多年没有见太阳了。我宁愿被黑暗和阴冷包围，唉，小楼外面的一切已与我无关了。我在上海简直没有朋友，于是每天在绝对的寂寞中度过，上午睡觉，下午起来看看书，作作画，夜间便通宵伴着孤灯抽烟，喷雾，让烟雾弥漫整个心灵。"

此时，最让她忧心的，便是《志摩全集》，她长叹一声，对赵清阁说："我没有什么希望了，我所念念不忘的也只有这件事，这便是志摩死后我唯一的工作，可是这件事犹如石沉大海，书既不能问世，连消息也一点没有了。"

可是，聊了一会儿，她突然兴奋起来，说道："我告诉你一个奇异的梦——我开始编辑《志摩全集》的时候，有一天晚上，我梦见了志摩，清清晰晰，和他好像活着一样的洒脱、聪明的神气，我仿佛在书案上看他的稿子，他从我的背后走过来，拍拍我说：'我真感激你，你这样辛苦地为我编全集，可是这不是一件简单的事，你不必太热心了，尤其不能抱过大的希望。'我听了他的话不明白，我问他：'为什么？'他笑了笑说：'人在世情在，人亡世情亡，全集的材料不全，你必须求朋友帮忙，这就会使你失望，我可以告诉你，日记一部分需要三年工夫，小说有一本永远没有办法；再加上其他种种原因，恐怕九年以后能成功，不信你等着瞧吧！'当时我真的不信，所以醒后我一点不以为然。我仍旧积极地工作，直到后来，甚而直到现在我才完全相信了，事实果然不错，志摩在世是智慧过人的，死后依然过'人'！"

说完，陆小曼抽了一口烟，她一字一句地说："志摩死了十四年了，十四年的世界上再没有了他，也永远毁了我。"

看着她失落的样子，赵清阁于心不忍，安慰她说："《志摩全集》一定要出，中国文坛是视它为珍宝的，志摩先生是不会被人遗忘的，他将长存在读者的记忆里！春天就要到了，一切都将开始新兴，希望你从此振作起来，老闷在屋子里对身体无益，应当尽可能多出去走走。"

此次赵清阁的拜访，给了陆小曼很大安慰。

回到家后，赵清阁想到陆小曼的现状，又回忆起她和徐志摩之间的爱情往事，甚是感慨，就给陆小曼写了一封信，希望她摆脱颓丧，重新扬起生活的风帆。

陆小曼也写了回信，表达了对赵清阁的感激，同时下决心"好好做点事情"。

1983年，《志摩全集》由香港商务印书馆出版并在海外发行。经过岁月的洗礼，这部书很厚重，带着历史的脚步而来，呈现在后人面前。

陆小曼，虽然在有生之年没有亲自看到这部书的出版，但她尽了自己最大的努力，也践行了诺言。陆小曼通过自己的行为，表达了对徐志摩深深的爱。

世间所有的相聚，都躲不开别离。有些爱，人们会暂时拥有，随后便会失去。从每一段失去里，我们会越来越懂得人生的意义。我们要做的，就是倾尽全力地看着，记着，活着。

友人赵清阁非常理解陆小曼作为一个未亡人的难处、一个女人的难处。1947年，在赵清阁和赵家璧的帮助下，陆小曼摆脱了不良嗜好，完成了两万字的小说，并重启了丹青生涯。

在赵清阁眼中，陆小曼是一个才女："誉小曼为才女是实事求是的，确切的。君不见她能歌善舞，能戏曲，能诗文，能书画，还能外语。虽都不专（中年以后即专事绘画，卓有成效），但算得上是多才多艺了。"

值得庆幸的是，陆小曼的所有努力都没有白费，过程虽曲折,但最后总算完成了所愿。

爱一个人,莫过于活成他喜欢的样子。爱从未离开,只是换了一种方式陪伴彼此。

徐志摩去世后的那些年,她闭门谢客、深居简出,作画、写作占据了她的大部分时间。徐志摩的期待,是让她活下去的勇气,也是她心中的一盏明灯。

晚年的时候,除了从事文学创作和专业绘画,陆小曼过着一种谈不上富足却悠闲的生活。

由于心境的变化,再加上年龄渐长的关系,她已不再讲究穿着,时常穿的就是一件男式对襟蓝褂子,完全素颜,直短发,下身常穿一条深蓝色西服裤,脚上是家中自缝的黑布鞋。她,平静且从容地生活着。

❷ 飞向自己的天空

陆小曼是一位才女,受过良好的教育。只是因为她容貌出众,世人总是容易忽略她的才华。

最开始吸引徐志摩的,就是陆小曼的思想和桀骜不驯的性格。

陆小曼本来就是一个画师,甚至可以称得上是一个女画家,一个有成就的女画家。不论国画,还是油画,她都很擅长。在徐志摩去世之前,她就在绘画的圈子里小有名气。

在徐志摩去世之后,她在绘画方面更加用功了,不仅到处找老师学习,自己还在家苦练画技。

回想起过去徐志摩对自己绘画和文笔的欣赏,陆小曼更加坚定了信心,努力潜心学习,拜贺天健为老师,学习山水画,又拜陈半丁为老师,学习花鸟画。

陆小曼名声在外,两位老师自然也了解她的性格,所以跟她约法三章:第一,老师上门,杂事丢开;第二,专心学画,学要有所成;第三,每月五十元,中途不得辍学。

有了名师的指导,再加上陆小曼也确实有心要振作起来,所以她的绘画水平有了明显提升。

陆小曼悟性很高,跟着老师学画之后,进步神速。不过,她还是没能改变慵懒的个性。贺先生对她的评价是:"天分很高,就是不用功。"

不过,这也可以理解,陆小曼身体不好,让她耗尽精力去钻研一门学问,对她来说,是一件非常困难的事情。

良好的天赋,加上严师的教育监督,陆小曼最终有了不小的收获,虽然她的画作达不到大师的水准,但是也已经有了"画家风范"。而且,她的绘画内容也开始丰富起来,有山水画、花鸟画、人物画等,不管是从技法,还是情感的渲染力,都能窥见其绘画功底。

陆小曼的画多为山水画。有人评价说,相较于1931年她笔下的山水画作品,画里的锋芒之气有所收敛,传达给人的感觉是淡然、冷寒,是在繁世的寂寞,有种拒人于千里之外的感觉,仿佛在逃避尘世。

陆小曼的山水画里,已经不再热闹了。有人说,这种画境的变化,应该与徐志摩的去世有很大的关系。

在徐志摩去世之后,陆小曼没有再参加社交活动,偶尔会出席中国女子书画会的书画展。因为老师告诉她，只有多学习观摩别人的作品，才能发现自己的不足。

中国女子书画会由上海的一些知名女画家成立，考虑到陆小曼在上海的影响力，她们也向陆小曼发出了邀请函。

但由于身体原因，陆小曼没有参与该协会的日常事务，也没有和协会的画家进行更多的交往。

她想做的，是徐志摩内心里所希望的那个潜心绘画、专心作文的人，外界的那些热闹，她已经不再向往。

陆小曼没有辜负徐志摩生前对她的期望，绘画上的功力日渐深厚。

据说，在生活最窘迫的时候，陆小曼曾在报纸上刊登启事——作画，卖画。虽然收费有些高，且采用先付款后作画的方式，但找陆小曼作画的人还是络绎不绝，从堂幅、立轴到折扇、手卷，各种需求，甚为丰富。

随着画技的逐渐进步，以及画作的慢慢增多，1941年，陆小曼在上海大新公司的大新画廊举办了一场个人画展，展出的作品有一百多件。当天画作的销售颇为乐观，大大改善了她窘迫的生活。

徐志摩死后，陆小曼开始兑现曾经的诺言："我一定做一个你一向希望我所能成的一种人，我决心做人，我决心做一点认真的事业……"

除了绘画上的努力，还有诗文创作上的用功，都驱使着陆小曼成长为徐志摩希望的那种知性、富有才情的女子。

徐志摩在世的时候，陆小曼不怎么写文章，但天天和大诗人徐志摩在一起，耳濡目染之下，也受到一些文学上的熏陶。她的文章，哀丽婉转，很有自己的风格。陆小曼还曾写过一部短篇小说。

1946年，赵清阁应晨光图书公司邀约，编写一本《现代中国女作家小说专集》。

赵清阁作为当时著名的女编辑、女作家，邀请了众多著名女作家撰稿，如冰心、沉樱、谢冰莹等人，也邀请了陆小曼。

那时，赵清阁与陆小曼已是不错的知己、好友，她知道陆小曼很有文采，于是，趁此机会约陆小曼写一部小说，其中有一个重要的目的——让陆小曼重新拥有对生活的希望。

赵清阁把自己的想法告诉了赵家璧，作为徐志摩的学生，赵家璧也表达了自己对师母的担忧，于是为了帮助陆小曼尽快走出阴霾，他们二人先后多次拜访陆小曼，向她约稿。陆小曼最终被他们打动了，接下了这个邀约。

陆小曼表示自己一定写出一部小说回报朋友的关怀，同时也用这部小说回应徐志摩生前对她的期待。

写作的那段日子里，正是上海的夏天，十分炎热，陆小曼又有哮喘病，经常因病痛起不来床。在这样的环境下，她也没有忘记自己的承诺，最终努力完成了小说的创作。

小说的名字叫《皇家饭店》，对于这部小说，赵清阁格外偏爱，她高度赞扬道："描写细腻，技巧新颖，读之令人恍入其境，且富有戏剧意味。"

这部小说描绘了病态的大上海繁奢背后的真实世界，主人公虽处于那样一个花花世界，但出淤泥而不染，洁身自好。

或许，陆小曼是在通过这部小说告诫自己，要与过去的一切告别，开启新的生活。

晚年的时候，陆小曼也没有闲着。

她和好友王亦令合作翻译了《泰戈尔短篇小说集》，还翻译了艾米丽·勃朗特的自传体小说《艾格妮丝·格雷》，编写了通俗故事《西门豹治河》，可惜手稿丢失，最后没能出版。

陆小曼终于找到了新的自己，成了徐志摩心中所期盼的那个人。想来，这世间最好的相思，就是活成他希望的那个样子，无愧于他的爱。

俗世的纷纷扰扰，不再属于陆小曼。寂寞时空之下，她虽与孤独相伴，但开始变得清醒。

失去了徐志摩后她才明白，以前灯红酒绿的生活没有任何意义。繁华之后，是一场素净的洗礼，烟花落尽，一切尽归现实。她洗尽铅华，把过去的一切埋于心底，用沉寂的岁月默默纪念与徐志摩的曾经，用简单生活来完结两人曾经绚烂的爱情。那些快乐、痛苦、欢笑、悲伤……已经变成了记忆，伴随着徐志摩的离开被尘封。

所有的事情，陆小曼都不再理会。曾经，她是一个专业画师，受过良好的教育，可以称得上是一个有成就的女画家。当爱人已走远，她便将所有的思念与爱情都藏进画里，想着，或许他可以在天国看见一切。

作为人，我们很难改变随命运而来的苦难，我们唯一能改变的是自己，永远不要失去斗志，请相信这也是成长的机会，是命运的另类赐予，学着在逆境中生存、成长，而不是在逆境中堕落、放弃自我。

如果你愿意坦然接受，愿意努力成长，逆境便是一份礼物；如果你选择逃避，日日抱怨，逆境便是一记巴掌。

我们要像陆小曼一样，不惧困苦，找回全新的自己，精彩地活着。

在徐志摩去世后，陆小曼努力改变着自己。她的蜕变，必定经历了许许多多不为人知的艰辛。不知多少个孤寂的夜晚，陆小曼都在慢慢地熬，只有桌上那盏灯知道她的孤独和不易。

她虽一直努力，却仍被外界误解。面对那些不友好的声音，她从不解释，更不辩白，只默默地耕耘，尽此生最大的心力，活出真实的自己。

她勇敢且笃定，坚忍且温柔，根本不把外界的流言蜚语放在心上。对于陆小曼来说,在生死、爱情面前,别人怎么看、怎么说都不重要了。

1960年的一个傍晚,王映霞在街边闲逛,突然听到一个熟悉的声音在喊她的名字:"映霞!"

回头一看,王映霞呆住了,居然是陆小曼。

老友久别重逢,分外亲热。善钟路距陆小曼所住的四明村不远,陆小曼就邀请王映霞去她家坐坐。

在王映霞的记忆里,陆小曼比以前胖了些,但"徐娘半老,风韵犹存",仍是一个美人。

碰到年少时的朋友,陆小曼非常高兴。她告诉了王映霞自己这二十多年来的经历,感叹道:"过去的一切好像做了一场噩梦,甜酸苦辣,样样味道都尝遍了。如今我已经戒掉了鸦片,不过母亲谢世了,我又没有生儿育女,孤苦伶仃,形单影只,出门一个人,进门一个人,真是海一般深的凄凉和孤独,像你这样有儿有女有丈夫,多么幸福!如果志摩活到现在,该有多美啊!"

陆小曼懂得了明志修行,活得越来越通透。她清楚,人终究是为自己活的。

③ 当生活露出残酷的面庞

生活的真实容貌是什么样子，没有人说得清楚，反正不是你我看到的那般简单。

在徐志摩去世之后，一直困扰着陆小曼的就是经济问题。想不到曾经挥金如土的名媛，也有为了柴米油盐而头疼的一天。

过去，不管遇到了什么问题，她都会想到她的丈夫，想到她的依靠。现在她没有了依靠，真成了一个叫天天不应，叫地地不灵的可怜女子。

徐志摩去世还不到一个月，她就强撑着身体，开始想谋生的办法。身边的朋友能够帮忙的并不是很多，她必须想办法让自己的生活继续下去。

陆小曼努力了一两个月后，生活费的问题仍然没有得到解决。

衣食住行有必需的开销，最大的问题还是她生病了，需要吃药，这是花销中最大的部分。

陆小曼又开始变得消极、灰心、厌世。

朋友胡适发现了这个问题，知道如果她的生活一直没有着落，真的有些可怜，作为老大哥，他必须安顿好她的生活。

于是，胡适亲自去见徐父，并且说服了他。徐父答应每月给陆小曼300元生活费。

但徐父提出一个要求，必须在每月的20号才能取钱。陆小曼对这一限制有看法，她觉得这样十分不方便。她要胡适再去说情，让徐父不加限制，她想什么时候取钱就什么时候去取，但徐父没有同意。

陆小曼从小就体弱多病，常年需要服用药物，生活十分艰难。

最难过的是，她活在了对徐志摩深深的思念中。徐志摩走后，陆小曼过得生不如死。

在这样的情况下，她的身体也是一天不如一天，她有时甚至会想，或许死亡能够让她和徐志摩重逢。

在精神和身体的双重折磨下，陆小曼只能靠着自己内心的信念活下去。

她希望远在天国的徐志摩能够看见她的努力和进步，更重要的是，她要让徐志摩知道，她一直深爱着他，只是再没有机会让徐志摩看到她的真心。

在停止了一切喧闹的社交活动之后,陆小曼突然发现,她的生活却更加充实了。

她每天都要学习作画、读诗,在做这些事情的时候,她感觉就像徐志摩陪在自己身边一样。

徐志摩活着的时候,一直希望小曼能够远离喧闹的社交生活,潜心钻研绘画,成为一个出色的人。现在,陆小曼努力践行徐志摩的希望,想让他走得安心一些。其实,她本质上就是这么一个情深义重的人。

在生活的折磨下,陆小曼开始变得憔悴,渐渐老去,风华不再,但她过上了更充实的生活。

这便是生活真实的面目——残酷又温暖。

❹ 永别是成熟的代价

在徐志摩去世一个月后,邵洵美向陆小曼约稿,请她为徐志摩的遗作《云游》写序。

陆小曼答应了,可当她真正提起笔时,心中思绪良多,不知道如何下笔。

以前,徐志摩让她写序,她只会对着他撒娇,最后,他也只得笑着说:"好了,好了,太太我真拿你没有办法,去歇着罢!回头又要头痛了。"

她写道:

> 我写了半天也不知道胡诌了些什么,头早已晕了,手也发抖了,心也痛了,可是没有人来搦我的笔了。四周只是寂静,房中只闻嘀嗒的钟声,再没有志摩的"好了,好了"的声音了。写到此地,不由我阵阵地心酸,人生的变态真叫人

难以捉摸，一眨眼，一皱眉，一切都可以大翻身。我再也想不到我的生命道上还有这一幕悲惨的剧。人生太奇怪了。

兜兜转转，走了一圈，回到原地，只是再没有那个人来心疼她了。

以前徐志摩在的时候，逼迫她写，她怎么都写不出来；现在，徐志摩走了，她却有好多好多的话想要说出来。可他已经不在了，陆小曼说的话，他再也听不见了。

1933年，陆小曼整理了徐志摩在1926～1927年写的《眉轩碎语》，并发表在《时代画报》上。

1936年，她又整理了她与徐志摩的来往书信，出版了《爱眉小札》。

这些书信记录了她与徐志摩热恋时说过的情话，同时也记录了他们一路走过来的艰辛与痛苦。可以说，它们见证了他们的爱情，也让世人看到了徐志摩丰富的情感世界。虽然是夫妻二人的悄悄话，但为了让大家看到徐志摩的才华和诗意，陆小曼愿意将一切公开发表。

整理文稿，自然也是劳心费神的事，可是，陆小曼甘之如饴。

徐志摩离开后，他生前的诸多好友对陆小曼口诛笔伐，把这场意外归咎于她。一时间，一些她曾经热情招待、宴请过的好友，都因这场意外与她断绝了往来。

徐志摩去世了,她才是最难过的人,却还被朋友们这样对待。但她已经不想再辩白,因为没有任何意义。人生的路,回不了头,她只想沉下心,为徐志摩多做点事情。

一个月后,她写下了《哭摩》,在一声声忏悔与表白中,明确了自己将来的路:

> 我现在不顾一切往着这满是荆棘的道路上走去,去寻一点真实的发展,你不是常怨我跟你几年没有受着一些你的诗意的陶熔么?我也实在惭愧,真也辜负你一片至诚的心了。我本来一百个放心,以为有你永久在我身边,还怕将来没有一个成功么?
>
> 谁知现在我只得独自奋斗,再不能得你一些相助了,可是我若能单独撞出一条光明的大路,也不负你爱我的心了,愿你的灵魂在冥冥中给我一点勇气,让我在这生命的道上不感受到孤立的恐慌。
>
> 我现在很决心地答应你,从此再不张着眼睛做梦躺在床上乱讲,病魔也得最后与它决斗一下,不是它生便是我倒,我一定做一个你一向希望我所能成的一种人,我决心做人,我决心做一点认真的事业,虽然我头顶只见乌云,地下满是黑影,可是我还记得你常说"受苦的人没有悲观的权利",一个人决不能让悲观的慢性病侵蚀人的精神,同厌世的恶质

染黑人的血液。我此后决不再病（你非暗中保护不可），我只叫我的心从此麻木，不再问世界有恋情，人们有欢娱。我早打发我的心，我的灵魂去追随你的左右，像一朵水莲花拥扶着你往白云深处去缭绕，决不回头偷看尘间的作为，留下我的躯壳同生命来奋斗。

到战胜的那一天，我盼你带着悠悠的乐声从一团彩云里脚踏莲花瓣来接我同去永久相守，过吾们理想中的岁月。

徐志摩走了，陆小曼也彻底蜕变了。或许冥冥之中，这也是徐志摩对她的指引吧。

第八章

缄默·半生素衣守流年

❶ 等一个不归人

有人说，陆小曼这一辈子，只爱过一个人，就是徐志摩。

即便徐志摩死了，他也占据了陆小曼余生的所有。

陆小曼一生去过徐志摩的家乡五次。时间最长的一次，也是第一次，他们在北平办完婚礼后，遵父母之命，回硖石举办传统的婚礼，并在此筑下爱巢，徐志摩称之为"香巢"。

这个爱巢是徐父花巨资为他们建造的现代化的新洋楼，在这里，他们度过了短暂而宁静的神仙生活，为避战乱，才被迫移居上海。

第四次回家，陆小曼因徐志摩的母亲去世而前去硖石，虽然当时家近在咫尺，却因为徐父反对她前去吊唁，她只能在硖石街道的小旅馆做了短暂的停留，随即离开。这次回家，让陆小曼感到特别伤心，她一直记忆犹新。

第五次回家,也是最后一次,那是1933年清明节,她去给徐志摩扫墓。

当天,她一个人,伴着细雨纷飞,走到徐志摩的墓前。时间已经过去一年多,她顿时觉得恍如隔世,这里躺着的人,怎么会是她的徐志摩呢?

阔别一年,陆小曼是那么思念他,人生怎么会这样呢?在那一刻,前所未有的伤感爬上陆小曼的心头,于徐志摩坟前她写下了《清明回硖石扫墓有感》:

肠断人琴感未消,此心久已寄云峤。
年来更识荒寒味,写到湖山总寂寥。

在徐志摩的墓碑上,刻着胡适所题的"诗人徐志摩之墓"。"徐志摩"三个字,是那样的刺眼。那三个字仿佛不是刻在了徐志摩的墓碑上,而是刻在了陆小曼心里。

此后,陆小曼再也没有回过徐志摩的老家。

过去,两个人结婚的场景,两个人你侬我侬的场景,两个人吵架的场景……一一浮现在眼前。那一刻,陆小曼也觉得自己苍老了。

这一辈子,她那么热烈地爱过他,只可惜,醒悟得太晚。

徐志摩在1925年8月18日《爱眉小札》里写道：

　　我不仅要爱的肉眼认识我的肉身，我要你的灵眼认识我的灵魂。

为了徐志摩，陆小曼愿意牺牲自己的一切。只要是他生前的愿望，她都要一个一个去完成，以告慰他的在天之灵。

当年，在徐志摩去世之后，陆小曼写下的字字句句，实在让人心碎：

　　这不是做梦吗？生龙活虎似的你倒先我而去，留着一个病恹恹的我单独与这满是荆棘的前途来奋斗。志摩，这不是太惨了吗？我还留恋些什么？可是回头看看我那苍苍白发的老娘，我不由一阵阵只是心酸，也不敢再羡你的清闲爱你的优游了。

彼时，陆小曼也不过二十九岁，她的人生还有很长的路要走。
为了纪念徐志摩，陆小曼想要出版一本徐志摩的全集。
为了向胡适索要日记和书信，她在信中写道：

　　我知道你是极关心我的将来的一个人，一向散漫的我，这一次再不能叫朋友们失望了，现在我也不爱多讲，因为不信的是始终不信的，事情只在做不在说，就是说破嘴，不信的还是不信，大家等着看罢。

　　我这一次的遭遇，可算是人生最痛苦的了，本来从此生活上再不能有先前的安逸，更不盼望有什么快乐，以前的我只好认为死去，我的心也只能算是同他一起飞去，以后我独自一人只好孤单地独自奋斗，从此单调再没有别的附和，前途虽是黑暗，可是有他一点灵光在先引着，不怕我没有成功，究竟我不是一个没有志气的人。文伯当然有些太乐观，可是有他这一催促，我再不能叫他失望，我也同时盼你不要太消极了。

陆小曼，一直都是一个清醒的人。对于自己喜欢做、想要做的事，她都很清楚，不管旁人怎么想、怎么看，她都会坚定地向前走。

1936年10月，陆小曼和赵家璧搜集的《志摩全集》的书稿基本凑齐，约有十卷。

陆小曼预估，若一切顺利，1936年下半年，良友图书公司就可以将徐志摩的全集出版。

比起徐志摩还活着的时候，陆小曼的后半生更像是一个等待他"回家"的妻子。她等待再次见到徐志摩，想让他看到一个更好的自己。

回忆当年，那个美好、温柔的康桥诗人仿佛还在眼前；而那时陆小曼，还是个纯情娇俏的少女，在舞场上摇曳生姿，那股灵动与俏皮，让人难以忘怀。戴上婚戒的那一天，相爱的他们陶醉在甜蜜的幸福里。

陆小曼再也想不起，是在什么时候，她和徐志摩选择了不同的人生方向，又是在什么时候，自己已经离不开徐志摩。

有的人，终究是等不回来了。

1957年4月，北京人民文学出版社卞之琳编《志摩诗选》，为此特地给陆小曼写信，让她提供徐志摩的照片和手迹。

接到这样一封信，陆小曼喜出望外。一直以来，能够让志摩的作品为大家所知，是陆小曼的心愿。于是，陆小曼当即提供了所需物件，并给卞之琳写了一封信，还写了一篇序言。

在陆小曼的信中，陆小曼十分真诚地说出了自己的体会和感受。

之琳同志：

虽然我们好像没有见过面，可是我早就知道您了。听见从文说您在为志摩编诗集，我是真高兴。

本来序可以早就写好的，一来因为这几月来为开会实在忙，我的精力又有限，所以特别感到做不出事来。二来是本来写好了，后来你们来信又叫我写一点志摩的简历，只好又改写一次，一直到今天才寄上，真是抱歉得很。久不写东西，脑子生了锈，手也硬了，写得太坏，只好费您的心，为我改删了，好不好？

他的遗稿实在少，尤其是诗稿，因为当时他写出就送去发表，家里从来也不留底的。我寻出了一点零碎东西，你看能不能用再来信吧！墨笔写的家信倒是有许多，可惜都是长的多，为了这事我真是为难了许久，要是不合适您只管来信问我好了。照片也是不多，寄上的请您看哪一张合适就用哪一张好了。

散文我已经选的不少了，但不知需要多少字，请您告诉我声好不好？你们还需要我做些甚么，随时写信来好了。

后来，有人找到一篇序，似乎正是陆小曼为《志摩诗选》所作的序，将它收录在《陆小曼诗文》一书中。

通过这篇序，也可一窥陆小曼当时的心境。

写诗真不是一件简单的事情，又要环境的关系，本身的思想同艺术水平，并不是随时随地的就能产生出来的。

志摩写诗最多的时候，是在他初次留学回来，那时我同他还不相识，最初他是因为旧式婚姻的不满意，而环境又不允许他寻他理想的恋爱,在这个时期他是满腹的牢骚,百感杂生,每天彷徨在空虚中,所以在百无聊赖、无以自慰的情况下,他就拿一切的理想同愁怨都寄托在诗里面,因此写了不少好的诗。

后来居然寻到了理想的对象,而又不能实现,在绝度失望下又产生了多种不同风格的诗,难怪古人说"穷而后工",我想这个"穷"不一定是指着生活的贫穷,精神上的不快乐也就是脑子里的用"穷"——这个"穷"会使得你思想不快乐,这种内心的苦闷,不能见人就诉说,只好拿笔来发泄自己心眼儿里所想说的话,这时就会有想不到的好句子写出来的。

在我们没有结婚的时候,他也写了不少散文同诗歌,那几年中他的精神也受到了不少的波折。倒是在我们婚后他比较写得少。在新婚的半年中我是住在他的家乡,这时候可以算得是达到我们的理想生活,可是说来可笑,反而连一句也写不出来了!这是为什么呢?可见得太理想、太快乐的环境,对工作上也是不大合适的。

我们那时从早到晚影形相随,一刻也难离开,不是携手漫游在东西俩(两)山上,就是陪着他的父母欢笑膝下,谈谈家常。有时在晚饭后回到房里,本来是肯定要他在书桌、灯下写东西,我在边上看看书陪着他的,可是写不到俩

（两）三句，就又打破这静悄悄的环境，开始说笑了，也不知道哪里来的那许多说不尽、讲不完的话。

就是这样一天天的飞过去，不到三个月就出了变化，他的家庭中，产生了意想不到的纠纷，同时江浙又起战争，不到俩（两）个月我们就只好离开家乡逃到举目无亲的上海来，从此我们的命运又浸入了颠波，不如意事一再的加到我们身上，环境造成他不能安心的写东西，所以这个时候是一直没有什么特（突）出的东西写出来。一直到他死的那年，比较好些，我们正预备再回到北京，创造一个理想的家庭时，他正（整）个儿的送到半空中去，永远云游在虚无缥缈中了。

今天诗集能够出版，真使我百感俱生，不知写了那（哪）一样好，随笔乱涂，想着什么，就写什么，总算从今以后，三十六年前脍炙人口的新诗人所放的一朵异花又可以永远的开下去了。

徐志摩虽已经离开，却深深地刻入了她的灵魂。

❷ 在山水墨色中寻找自己

陆小曼从小就有绘画天赋,在进入圣心学堂读书之后,她还专心学习了西方油画,最擅长静物写生和风景临摹,只是在成家之后,因懒惰没有继续画下去。

年轻时,陆小曼以名媛身份立世;晚年时,她以画家身份扬名。她的传奇,正在于她的成长。

从她决心做一番事业起,除了编书和写作,画画占据了她大部分时间。

此时,她专心钻研绘画,只为完成对徐志摩的承诺,做他期盼的人。

通过绘画,她重新找到了自己。陆小曼说:"我爱大自然,但我无法旅游(因病),因此我愿陶醉在丹青的河山风景中。"

1941年,陆小曼在上海举办了个人画展,得到了业内人士的高度赞赏和社会各界的一致好评。

1943年，四十岁的陆小曼心智成熟，她的画以山水居多，有的是崇山峻岭，有的是小桥流水，画作给人的感觉或是迷蒙怪惚，或是淡雅清丽。仁者爱山，智者喜水，这很符合陆小曼当时的心境。

陆小曼通过绘画，与旧世界划清了界限；通过绘画，抹掉了她烟客的形象，获得了独立的人格魅力。

陆小曼除了画山水、花鸟，还画了很多扇面画。她曾因此得到夸赞："用色淡淡的，用笔细细的，那是陆小曼天生的本事，再配上小型楷字，字带骨带肉，题字又古又秀。"

也许，那一刻陆小曼才明白，为什么徐志摩一心期望她在绘画上有所成就，虽然徐志摩不会作画，但他是诗人，诗人懂绘画艺术，诗与画是相通的。

徐志摩爱她，不仅爱她的美貌，更爱她的才华。徐志摩是了解她的，知道那时的她还未将骨子里的灵感激发出来。

陆小曼的很多绘画作品都具有代表性，如1932年画的《仿古山水》，1933年画的《爱莲居士》，1940年画的《江南春色图》，1941年画的《松阁观浪镜心》，1942年画的《溪山高隐图》，1943年画的《花到春深》《青绿山水》《翠峰暝色图》，1947年画的《金鱼》等。

1949年和1955年，她的作品连续两次入选全国美术展。1959年，陆小曼被评为全国美术协会"三八"红旗手。

1964年秋，陆小曼的身体状况大不如前，但是，她还是尽自己最大的努力，潜心创作了四幅条屏山水画，并且送往成都杜甫草堂，为杜甫生平展览添彩。

在画作送出之前，她特意邀请赵清阁前来观赏，问她，自己的作品和之前相比怎样。赵清阁惊叹，说她大大地进步了，画作深得杜甫诗意之神韵，还说："陆小曼真是杜甫的知音啊！"

2004年，上海中国画院举办了"朝花夕拾——上海女画家作品回顾展"，一共展出了在中国画院先后任职的八位女画师的作品。八位中的一位便是陆小曼。

陆小曼的画作之所以升值迅速，价格攀升至同时代女画家之首，除了因为她是大诗人徐志摩的遗孀，还因为她的画作笔力清健、意境不俗。

人至暮年，陆小曼终于找到了自己人生的价值所在。

后来，陆小曼或许是真的受到了徐志摩的影响，也开始写诗。

（一）

四时更代谢，悬象迭卷舒。
暮春忽复来，和风与节俱。
俯临清泉涌，仰观嘉木敷。
周旋瞻我陋，圃西瞻广庐。

既贵不恭俭,处有能存无。
镇俗在简约,树塞焉财蓦。
在昔同班司,今者并园墟。
私愿偕黄发,逍遥综琴书。
举爵茂阴下,携手共踌躇。
奚用遗形骸,忘筌在得鱼。

(二)

捉得松为柄,粘来纸作衾。
山云娇老态,溪水有无心。
挂锡沉香树,安禅天竹林。
西来闲会取,空迹寄飞禽。
古径盘空出,危梁溅水行。
药栏斜布置,山子细生成。
欹侧天容破,玲珑石貌清。
游鳞与倦鸟,种种见幽情。

(三)

玉山高与闻风齐,
玉水清流不贮泥。

(四)

桃花流水在人世,
武陵岂必皆神仙?

江山清空我尘土,
虽有去路寻无缘。

(五)

吴山尽处越山涯,
水木清华处处佳。
山鸟忽来啼不歇,
声声似劝我移家。

(六)

桃花流水杳然去,
别有天地非人间。

(七)

垂杨依岸水,
钓艇接渔家。

(八)

柴门仍不正,
秋色自然来。

(九)

泉声咽危石,
日色冷青松。

(十)

山静似太古,

日长如小年。

（十一）

雪满山中高士卧，

月明林下美人来。

（十二）

山空寂静人声绝，

栖鸟数声春雨余。

——《题画诗十二首》

这是陆小曼创作的著名的《题画诗十二首》。其或长或短的诗句，映衬出一个拥有别样才情的陆小曼。

虽然徐志摩再也看不到陆小曼的这些改变，但她通过努力，和徐志摩的期待越来越近。这也是她对徐志摩的答谢，以及思念。

③ 愿灵魂仍有所依

一辈子的时间很长，会发生很多事情，起起落落，都是人生常态。

从北平城的名媛，到落魄画师陆小曼，她的一生，可谓是大起大落，有这种经历的人，人生格外丰满。

陆小曼有一个表妹，叫吴锦。吴锦是陆小曼的舅舅吴安甫的女儿。

在徐志摩去世后，吴锦就一直陪伴在陆小曼身边，照顾陆小曼的饮食起居。当时，吴锦的一对双胞胎儿子在扬州读书，时常会来陆家探亲。陆小曼的日子，还算过得热闹祥和。

人生就是这样，峰回路转，你永远不知道下一段人生际遇会是什么。

1956年4月，陈毅市长参观上海美术协会举办的画展，偶然间，他看到了陆小曼的名字和她的画作，便问了下陆小曼的近况，随后陈毅市长说道："徐志摩是我的老师，他是有名的诗人，陆小曼也是个才女，这样的文化老人应该予以照顾。"

后来，陆小曼成为上海文史馆的馆员。进入文史馆的陆小曼，主要从事专业绘画和翻译工作。

也是在那一年，她加入农工民主党，成为上海市徐汇区支部文艺委员。

1958年，她进入上海中国画院做画师，并加入上海美术家协会。

1959年，她任上海市人民政府参事室参事，还领到一张华东医院免费就诊卡。

当时，陆小曼的工资每月已经有一百元了，享受了当时的干部待遇。当时，很多普通人家一个月的收入，也不过数十元钱。所以，陆小曼说，自己感谢中国共产党，如果没有中国共产党，她活不到现在。

晚年时，一无所有的陆小曼，把自己的一部分画作捐给了上海博物馆。

据说，只要人们去上海博物馆参观，就会发现博物馆左边的墙上刻有"陆小曼"三个烫金的大字。

在人生最后的几年里，陆小曼几乎闭门不出，拒绝一切交往和应酬。偶尔会有朋友来访，他们便一起坐下来，谈谈绘画、京剧。

回忆起过往,陆小曼对好友王映霞说:"过去的一切好像做了一场噩梦,甜酸苦辣,样样味道都尝遍了……"

1939年10月,她写下了《中秋夜感》,十分怀念徐志摩。后来,她又写下了《秋叶》一诗:

> 一声声的狂吼从东北里
> 带来了一阵残酷的秋风,
> 狮虎似的扫荡得
> 枝头上半枯残枝
> 飘落在蔓草上乱打转儿,
> 浪花似的卷着往前直跑
> 你看——它们好像已经有了目标!
> 它们穿过了鲜红的枫林:
> 看枫叶躲在枝头飘摇,
> 好像夸耀它们的逍遥?
> 可是不,你看我偏不眼热!
> 那暂时栖身,片刻的停留;
> 但等西北风到,它们
> 不是跟我一样地遭殃,
> 同样地飘荡?不,不,
> 我还是去寻我的方向。

它们穿过了乱草与枯枝,

凌乱的砾石也挡不了道儿;

碧水似的秋月放出了

灿烂的光辉,像一盏

琉璃的明灯照着它们,

去寻——寻它们的目标。

那一流绿沉沉的清溪,

在那边等着它们去洗涤

满身沾染着的污泥;

再送到那浪涛的大海里,

永远享受那光明的清辉。

陆小曼把余生所有的爱都给了徐志摩,将自己全部身心都投入了徐志摩对她的期待中。遗憾是一口枯井,她余生一直在做的,就是填满这口井。

回顾陆小曼的过往,人生起起伏伏,但她一直没有放弃自己,这便是她的个人魅力所在。

4 时间之外无遗憾

人有时就像漂浮在海面上的一叶扁舟,在漫无边际的大海里,孤独与黑暗,才是常相伴的挚友。

陆小曼是幸运的,即便身处人生的低谷,也总有一些朋友陪伴在她的左右,伴着她度过黑暗、孤独的岁月。

1964年,陆小曼已经感觉到自己的身体状况在走下坡路了,有时候,连从床上坐起来都要表妹吴锦来搀扶。肺气肿加上哮喘,使她咳喘不止,非常痛苦。尤其是到了秋冬季节,最容易反复发作,她时常整夜咳嗽。

即便如此,陆小曼也强打起精神到画院去上班。

一年后,陆小曼的身体状况更差了,她不得不靠输氧来维持生命。冥冥之中,她预感自己的日子不多了。

有时候,在昏昏沉沉中,她仿佛看到了徐志摩。甚至,她好像听到徐志摩在叫她,会不由得伸手去拉徐志摩。清醒过来的时候,她才发现,原来自己在昏昏沉沉中已经将氧气管拔掉了。

陆小曼在微微睁开双眼后发现,眼前的人原来是赵清阁、应野平等好友,他们来看望她了。陆小曼微笑着说道:"我看见志摩了。"

赵清阁安慰她:"别胡思乱想,好好养病,有我们在呢!"

看着陆小曼的样子,所有人都知道接下来会发生什么。大家都很悲伤,再说不出一句话来。

赵清阁轻轻坐在陆小曼的病床边,半俯身子,用征询的口吻问陆小曼:"小曼,我能为你做些什么?"

陆小曼用力地回答:"志摩的……全集。"话音未落,陆小曼的双眼就闭上了。

1965年4月3日,63岁的陆小曼,带着岁月里的惊艳、落寞,带着往事里的悲喜,带着赞声、诽声,永远地离开了这个世界。

陆小曼去世的时候,身上穿着一件露出棉絮的破棉袄,朋友们翻遍屋里的柜子,竟然找不出一件新衣服为她换上。看到这一幕,好友赵清阁实在不忍心,想到陆小曼穿着这样破破烂烂的衣服去见徐志摩,她定是不开心的,便把自己一套新的绸衣裤给陆小曼穿上了。

陆小曼的遗体被火化后,她的骨灰并没有下葬,而是暂时寄放在殡仪馆。

当时,前来吊唁陆小曼的多数是常来往的亲戚,除了亲戚,只有一个朋友来了,就是和她有过矛盾的陈巨来。

送别挽联也只有一副,是陆小曼晚年教授的学生王亦令为她写的:

> 推心唯赤诚,人世常留遗惠在;
> 出笔多高致,一生半累烟云中。

她的一生结束了,所有往事,都在这寥寥数语中。

陆小曼年轻时,貌美如花,一双芊芊玉手,画出山川灵秀。如今,只剩那些她经历过的事情,还有她的诗与画,让后人看到一点她的真实。

陆小曼对徐志摩的爱是真诚的。在这个世界上,只有一个徐志摩,占据着她的心扉。

徐志摩从来不曾离开,他一直在陆小曼的心海。

说她虚荣,可她不愿做将军夫人,宁愿背负背叛婚姻的罪名,也要嫁给徐志摩;说她可怜,她的确可怜,后半生过得十分凄凉。

但她也是让人羡慕的,赢得了自己想要的爱情,勇敢选择了自己想过的人生,在那个特殊的时代,不是每个女人都有这样的勇气和机会。

这一生,酸甜苦辣,陆小曼全部都尝过了。最高处的风景,算见过了；最低谷的体验，也算经历了。这一生，她不算亏。

现在，在苏州洞庭东山华侨公墓里，顺着编号找下去，在特级中区第九排处，有一块墓碑上写着"先姑母陆小曼纪念墓"。在墓碑的右上角，还贴着陆小曼年轻时候的黑白照片。

这种纪念墓，性质不同于衣冠冢，它里面放着的，是一些陆小曼生前用过的笔墨纸砚和普通的生活用品。

落寞的背影，带走了过往奢华的生活；美艳的容貌，沦为苍白的过往。陆小曼留给人们的，是她一代才女的美名，还有她画笔下的世界。这个女子敢爱敢恨，重情重义，活得自在任性，不枉此生。

后记
POSTSCRIPT

  一个在岁月长河里漂荡的名门淑女，一生成就了太多的惊艳和传奇，点点笔墨，难以写明。

  在充满酸甜苦辣的生活中，她阅尽了人间百态、世事沧桑。在人生的末尾，她终于找到了生命的答案。

  她有很多令人艳羡的身份。她是陆家的千金小姐，是上海的一代名媛，是民国才女，还是诗人徐志摩的妻子。她的一生过得丰富精彩，曾让数不清的女子羡慕不已。

  在那风雨飘摇、动荡不安的年代，她拥有绝美的诗意境界、独立的思想、精致的相貌，可谓集万千宠爱于一身。

  很多人对陆小曼的认识，都停留在她的"名媛"身份上，对她的描述，也总是和"纸醉金迷"这样的词汇联系在一起。其实，褪去华丽的外表，她也只是一个普通的女子，后来也只是一个普通的女人。不过，她一直被父母视为掌上明珠，拥有一些过人的天赋，长大后因才华不凡而惹人偏爱。她在点点滴滴的时光中，向所有人诠释了一个女孩青春时期最美的样子。

徐志摩对她的爱,如同他的诗一般,一种柔软和浓情附在其中,字句虽简单,但意蕴丰厚。而这爱,成了陆小曼内心深处最宝贵的东西,虽然大半生都被这爱所牵绊。

二人的爱情轰轰烈烈,他们勇敢坚定,不顾世人言说,亦不顾亲人朋友的劝阻,毅然走在了一起,始终怀着对爱情的美好憧憬和期待。

命运跟他们开了一个很大的玩笑。无比深爱的两个人,原本该幸福地白头偕老,然而,幸福的向往却成了水中月,雾中花。

南北奔忙的生活,让徐志摩不幸遭遇空难,英年早逝。从此,陆小曼闭门谢客,潜心钻研绘画与诗歌,用余生守候一生的爱恋。

刻骨铭心的思念,生活的艰难,每天都在折磨着她,那个仙女般的女孩,跌落凡尘后,成为一个普通女人,在柴米油盐的包裹下,窥见了生活的真相。

原本极尽奢华、锦衣玉食的她,抛弃了名牌衣服、宽敞的住宅,穿着素服,只为了最初的约定,只为不辜负他日天国的相见。

陆小曼在前半生大放异彩,受万众瞩目;后半生极尽凄苦,一人独挡人生悲寒;余生晚景凄凄,只有几位好友在身边,一个人孤单地离开了人间,独自踏上黄泉路。

"命运"两个字,实在是难写,其中的曲曲折折,除了局中人能明了，旁人只能唏嘘。

　　曾经奢华的生活，美艳的容貌，都已经成为过往，陆小曼什么也带不走。如今，只剩下她敢爱敢恨、重情重义的真性情，以及与之相关的一段段故事，任人评说。

图书在版编目（CIP）数据

坚守浪漫，不惧人间：陆小曼传 / 朱云乔著. —成都：天地出版社，2022.1
ISBN 978-7-5455-6664-2

Ⅰ.①坚… Ⅱ.①朱… Ⅲ.①陆小曼（1903-1965）—传记 Ⅳ.①K825.6

中国版本图书馆CIP数据核字（2021）第229986号

JIANSHOU LANGMAN, BU JU RENJIAN: LUXIAOMAN ZHUAN

坚守浪漫，不惧人间：陆小曼传

出 品 人	杨 政
作 者	朱云乔
责任编辑	孟令爽
封面设计	挺有文化
内文排版	麦莫瑞
责任印制	王学锋

出版发行	天地出版社
	（成都市槐树街2号 邮政编码：610014）
	（北京市方庄芳群园3区3号 邮政编码：100078）
网　　址	http://www.tiandiph.com
电子邮箱	tianditg@163.com
经　　销	新华文轩出版传媒股份有限公司
印　　刷	天津文林印务有限公司
版　　次	2022年1月第1版
印　　次	2022年1月第1次印刷
开　　本	880mm×1230mm　1/32
印　　张	7.75
字　　数	170千字
定　　价	45.00元
书　　号	ISBN 978-7-5455-6664-2

版权所有◆违者必究

咨询电话：（028）87734639（总编室）
购书热线：（010）67693207（营销中心）

如有印装错误，请与本社联系调换。